昭和天皇は戦争を選んだ！

――裸の王様を賛美する育鵬社教科書を子どもたちに与えていいのか

目　次

第2部　太平洋戦争と天皇　39

第1章　開戦決定と天皇　39

第2章　開戦後の天皇　81

第3章　敗戦と天皇　107

■推薦文

●安倍政権で勢いを増した歴史修正主義の蔓延、昭和天皇批判に腰が引けているマスコミ

高嶋伸欣

戦後、少なくとも一九七〇年代までは、昭和天皇を「国民とともに歩む天皇」などと書く歴史教科書が登場することはなかった。それが、一九八六年三月に検定合格になった高校用の『新編日本史』によって、様変わりとなった。同書は「日本を守る国民会議（現・日本会議）」が昭和天皇在位60年の祝賀事業の一環として編纂したもので、皇国史観に基づいていることは明らかだった。検定では最後まで「人間宣言」の記述が紛糾した。執筆者側は「人間宣言」という表記をあくまで拒否し、文部省（当時）を押し切った。なぜか？

同「国民会議」の支持母体は神社本庁であり、天皇神道の立場にあるので、天皇はあくまでも「現人神」でなければならなかった。同書では「人間宣言」を「新日本建設に関する詔書」と表記し、「天皇と国民の間は相互の信頼と敬愛とによって結ばれていることなどが述べられている」としていた。自民党政権下で、多くの誤記誤植が不問にされ、同書は検定に合格したのだった。しかし、高校教員からの拒否反応は明確で、採択が一万部を超えることはない。現在も『最新日本史』に名を変えながら、赤字を「日本会議」などの補てんに依存し、版を重ねている。

この苦い体験に学んだ神社本庁が次に打ち出したのが、中学の教科書作りだった。その最新本は

育鵬社版の二〇一六年度用『新編新しい日本の歴史』だ。そこにはコラム「人物クローズアップ」として「国民とともに歩んだ昭和天皇」が一頁分掲載されている。その内容が、どれほど事実に反しているか。本書に詳しい。

しかも同コラムは、この最新本から登場したのではない。二〇〇二年度用の扶桑社版『新しい歴史教科書』初版の段階から「昭和天皇――国民とともに歩まれた生涯」と題した二頁コラムがすでに掲載され、内容もほとんど変わっていない。本書で厳しく指摘されているように、昭和天皇は敗戦が確実になっていた一九四五年二月十四日に近衛文麿から迅速な停戦交渉への着手を進言されながら、天皇制存続の一条件交渉が難しいとして却下している。その後に天皇制存続容認の見通しを得られたとしてポツダム宣言受諾を「聖断」したのが、八月十四日だった。それまでの六カ月間に東京大空襲や各地の空襲、沖縄戦、広島・長崎の被爆で多数の国民の命が奪われたことに、誰でも気付く。にもかかわらず、このコラムには「身はいかに　なるとも　いくさとどめけり　ただたふれゆく　民をおもひて」との御製《ぎょせい》が掲載されている。二〇〇二年度版から十数年、今もこの白々しい御製を載せた教科書を毎年約四万人の中学生が使わされている。

なぜこの不当な事態が改善されないのか。第一には安倍政権で勢いを増した歴史修正主義の蔓延がある。加えて、天皇、特に昭和天皇批判に腰が引けているマスコミや社会全体の「不愉快で不健全な風潮」がある。そうした風潮に敢然として「異議あり！」の声を上げた増田都子氏による本書出版の意義は極めて大きい。増田氏に続く人の出現を期待し、少しでも多くの人々が本書に学ぶことを望んでやまない。

（たかしまのぶよし・琉球大学名誉教授）

●天皇制は日本に必要なのかどうか、それは堂々と論争したらいい

鈴木邦男

これは怖い本だ。危険な本だ。感想や論評を求められた人も一瞬ギョッとして、尻込みするだろう。僕も気が弱いから、驚き、立ちすくんだ。出来ることなら、こんな危ない本にはかかわりを持ちたくない。でも、気になって仕方がない。どうして、こんな危ない本を書くのか。命が惜しくないのか。それで読んだ。引き込まれて一気に読んでしまった。圧倒的な迫力と説得力がある。そして「憂国の書」だと思った。読むことを怖がり尻込みした自分を恥じた。

タイトルが衝撃的すぎるのだ。挑発的だ。「昭和天皇は戦争を選んだ！」でも考えたらその通りだ。嘘ではない。国民も戦争を選んだのだ。どっちが、より主体的だったのか。それを巡って左右の激論が闘われてきた。

「国民は常に平和的だったのに天皇、軍部、政府が無理矢理、戦争に引きずり込んだのだ」という人もいれば、「軍部が天皇も政府も国民も無視して戦争に突入したのだ」と言う人もいる。勿論、天皇の責任もあるし、自ら認めている。

では、天皇がいなかったら、あの戦争は起きなかったのか。あの状況ならば、それでも戦争は起きたし、「戦争をやめよう」という人もいなかっただろう。天皇制さえなくなれば戦争はなくなる

のか。それほど国民は賢いのか。僕はそれほど楽観的にはなれない。

今の天皇は象徴であって政治的な力はない。でも、安倍政権は、集団的自衛権を認め、次は憲法を改正し、自衛隊を国軍にし、アメリカと一緒に海外派遣させようとしている。

こんな事態を一番憂慮しているのは天皇だろう。でも政治的立場がないからはっきりとは反対できない。パラオに行く。「憲法を守る」と発言する。そうしたことしか出来ない。「軍国主義化する安倍政権を叱ってほしい、〝再び過去のあやまちを繰り返すな〟と言ってほしい」と思う人もいるだろう。

でも、それも政治利用だ。憲法を改正して天皇を元首にしようと目論む自民党と同じだ。もう天皇を引き込んではならない。天皇を中心にまとまって戦争する時代に戻してはならない。国論が真っ二つになった時、天皇に判断をあおぐことになってはならない。そんな時代にあこがれを持ってはならない。

そのためにも過去の天皇依存の時代を冷静に知り、学び、反省すべきだ。

なぜ、これほどまでに国民は天皇に寄りかかり、頼ってきたのか。それでいい点もあったろうし、まずかったこともあっただろう。それを冷静に見るべきだ。そのことを知る上では、この本は一番の「教科書」になるだろう。その上で、天皇制をどうするかを考えたらいい。

かつては「天皇制打倒」を言っていた勇ましい人たちがいた。天皇制こそが差別や諸悪の元凶だと言っていた。今そんな人はいない。ほとんどがおだやかな形での天皇制を認めている。

だが（だからこそか）天皇擁護派の中で醜い争いを起こしている。「天皇、皇太子が〝憲法を守る〟というのは困る！」「女性天皇は認められない」「皇太子は、その地位を弟にゆずれ」といった批判だ。そして「自分たちは日本を愛し、皇室のことを真剣に考えている。だからこそ言うのだ」と主張する。

「愛国無罪」だ。なげかわしい。こんな自称・愛国者の個人攻撃・罵詈雑言よりは、かつての「天皇制打倒論者」の方がまだましだ。大きな政治的テーマがなくなり、内向きの、小さな、醜悪な論争に堕している。もう一度、論争の質を上げよう。

そのためにも、この本は大きな問題提起になるだろう。歴史は、失敗も暗い面も含め、すべて認め、その上で、天皇制は日本に必要なのかどうか。それは堂々と論争したらいい。

（すずきくにお・一水会顧問）

はじめに

1　育鵬社教科書の発行経緯

一九九六年、「新しい歴史教科書をつくる会」（略称：つくる会）なるものが結成された。それまでの中学校歴史教科書は、日本の自衛戦争・アジア解放の戦争を侵略戦争とする「自虐史観」の影響を強く受けているからダメだ、という。つまり「『日本は侵略戦争をしていない、アジア解放の戦争をしたのだ』という教科書で教えるべし、それでなければ、子どもたちに『愛国心』が育たない」という。

日本右翼の総本山と言われる「日本会議」の支援も受け、フジサンケイグループ・産経新聞の子会社の扶桑社が、二〇〇一年、この主張に基づく中学校歴史教科書を発行した。

しかし、そのあまりに露骨な皇国史観による歴史偽造のため、採択部数を伸ばすことができず赤字となり、内紛が起こって「つくる会」は分裂し、二〇〇七年、扶桑社は関係解消を宣言した。

一方、自民党の安倍晋三のブレーンと言われる八木秀次らが中心となって「教科書改善の会」が新たに結成された。「つくる会」の藤岡信勝の暴露によると、安倍の働きかけによってフジテレビが三億円を出資して「育鵬社」を扶桑社の教科書事業子会社として作り、「改善の会」から中学校歴史教科書を発行することになったという(注1)。安倍はよく知られているが、岸信介の孫であり、彼を心から尊敬しているそうだ。

岸は「満州国」官僚として辣腕を振るい、東条内閣の商工大臣として太平洋戦争を推進し、敗戦で当然A級戦犯となりながら、釈放され、その後、首相となって一九六〇年に新安保条約を締結した。新条約は、一見、少しは平等になったかのような外観はあるが、実は付属する地位協定によって、さらにアメリカへの属国化を深めたもので(注2)、多くの国民の激しい反対運動が起こったが、岸は押し切った。

安倍は二〇一一年五月十日、育鵬社教科書出版記念会に出て、育鵬社教科書推薦の挨拶をした。「(第一次)安倍政権で六十年ぶりに教育基本法を改正したことは私の誇りとするところであり、教育の目標に日本の『歴史と文化を尊重する』ことを書き込むことができた。その新しい教育基本法の趣旨を最もふまえた教科書が育鵬社であると私は確信している。みなさん、育鵬社の採択の成功のために頑張りましょう(注3)」

日本会議は各地の議会や教育委員会などに「改正教育基本法に忠実な教科書を選べ」という内容の請願活動を行うなどの組織的活動をした。その結果、二〇一一年、育鵬社教科書は「歴史で約四万四五〇〇冊(占有率三・七九%)、公民で約四万八九〇〇冊(同四・一六%)と、前回採択時と比べ歴史は六倍、公民は十一倍」(文科省での記者会見時の八木発言)と、部数を伸ばした。二〇一五年現在、再び安倍内閣の下で、陰に陽に育鵬社教科書採択への支援が考えられ、夏の採択時にはさらに伸ばすのではないかと言われている。

私は元中学校社会科教員である。三十三年間教壇に立っていた。しかし、二〇〇六年三月末、当時の石原慎太郎知事下の都教委によって「公務員不適格」として分限免職された。「扶桑社歴史教科書は、日本の侵略戦争を『自衛の戦争・アジア解放の戦争』とする『歴史偽造』教科書ですよ」と真実を教えたことが「公務員不適格」の理由という。この超不当処分は「真実を教え、偽りを批判することを教える教育公務員として当然の責務を果たしたことの証明であり、名誉である」と私は考えている（詳細は『たたかう！　社会科教師――戦争の真実を教えたらクビなのか？』社会批評社参照）。

安倍晋三が推奨する育鵬社歴史教科書は、扶桑社教科書とほぼ同内容であり、事実誤認、つまり、嘘の記述が多い。中でも、一頁まるまる使った「国民とともに歩んだ昭和天皇」（二三三頁）というコラムは、その典型である。これは、実は「歴史偽造＝真っ赤なウソ物語」なのである。

この「国民とともに歩んだ昭和天皇」像こそは、日本の国家組織が総力を挙げて、国民に昭和天皇美化を洗脳する際の基本キャッチコピーであり、敗戦直後から現在まで延々七十年にわたって、なお執拗にマスメディアによって繰り返し繰り返し流され続けている。

そのため、これを事実と信じ込んでいる国民がほとんだと思われる。二〇一四年九月に公表された『昭和天皇実録』も、私はまだ現物は見ていないが、報道によれば、この真っ赤なウソ物語に沿って編集されているものと見て差し支えないと思う。

2　育鵬社歴史教科書の昭和天皇記述頁を見てみよう（○数字は筆者）

「●戦争への苦悩、開戦の決断●

①大日本帝国憲法では、天皇は国の元首で統治権を総覧し、国務大臣の輔弼《ほひつ》により統治権を行使することとされていました。そして、自分の考えと異なる政府の決定であっても、天皇はこれを認めることが原則となっていました。

②ただし、１９３６（昭和11）年の二・二六事件が起きたときは、天皇は事件を起こした将校に同情的な意見をしりぞけ、鎮圧を求めました。

③日米関係が緊迫していった１９４１（昭和16）年9月6日の御前会議では

四方の海　みな同胞《はらから》と思ふ世に

など波風の　たちさわぐらん

と、平和を願う明治天皇の御製《ぎょせい》（天皇の和歌）を読み上げ、戦争よりも日米交渉の継続を重臣たちに示唆しました。しかし、結局、開戦を回避できず、苦渋の末に12月「まことにやむを得ないものがある」などと記した宣戦の詔書（天皇の出す公文書）を発しました。

●敗戦と昭和天皇●

（中略）マッカーサーは、天皇が命乞いをするためにやって来たと思いました。ところが、

④天皇の言葉は、私の身はどうなろうと構わないから、国民を救ってほしいというものでした。マッカーサーは驚きます。「この勇気に満ちた態度は、私の骨のズイまでもゆり動かした。」（『マッカーサー回想記』）

（中略）

身はいかに　なるとも　いくさとどめけり

ただたふれゆく　民をおもひて

これは終戦を決断した時の御製ですが、ここにも天皇の覚悟が見てとれます。

戦後すぐに、天皇は国民を励まそうと、全国への巡幸を始めました。日本国憲法により『国民統合の象徴』となった天皇に対する、国民の敬愛は以前と変わらず、天皇は全国各地の国民から歓迎を受けました。

●国民とともに生きる●

⑤敗戦前後の誰もが生活が苦しかったころ、天皇は配給量を一般国民と同じにせよと命じ、粗末な食事をとっていました。（中略）最晩年の病の床にあっても『今年の稲の出来はどうか』と、庶民の暮らしに想いを寄せています。国民と共に生涯を歩んだ昭和天皇は、１９８９（昭和64）年１月7日に崩御しました。」

要するに、昭和天皇は「平和主義者」で、死ぬまで生涯、常に「国民の幸せ」を思って行動した人物であり、戦争になったのは天皇のせいではなく、大日本帝国憲法に「自分の考えと異なる政府の決定であっても、天皇はこれを認めることが原則」としてあった、つまり立憲君主だったからなのである、しかし、最後は自分はどうなってもいいから、と降伏し、マッカーサーに直訴して国民を救おうとした崇高な人物である、と育鵬社歴史教科書は中学生に教えるのである。

真実を知らされず、日本政府の愚民化教育とマスメディアの天皇（皇族）への迎合によって、敗戦後七十年間も洗脳され続けている大多数の日本人は、こういう記述を事実と信じ込んでも仕方がないかもしれない。

しかし、これが真っ赤な嘘の作り話であることは、たくさんの事実証拠によって完璧に立証できる。以下、この昭和天皇についての記述が「フィクション＝作り話」である証拠を、当時、リアルタイムで記録されていた天皇側近・親族の日記、軍人の記録などの一級史料を中心に見ていくことにする。

なお、育鵬社は公民教科書も出版しているが、本書でいう育鵬社教科書は歴史教科書である。

第1部　満州事変・日中戦争と天皇

第1章　満州事変と天皇

1　大日本帝国は不戦条約を最初に破った国となった

一九二八（昭和三）年八月二十七日、「日本国皇帝陛下」も含め、パリ不戦条約（戦争抛棄《ほうき》ニ関スル条約）が調印された。

「第一条中の『其《そ》の各自の人民の名に於《お》て』なる字句は帝国憲法の条章より観て　日本国に限り適用なきものと了解することを宣言す」という留保は付けながら――。

その第一条は「締約国は国際紛争解決の為　戦争に訴うることを非とし　且《かつ》　其の相互関係に於て　国家の政策の手段としての戦争を抛棄することを　其の各自の人民の名に於て厳粛に宣言す」であり、第二条は「締約国は相互間に起ることあるべき一切の紛争　又は　紛議は　其の性質又は　起因の如何《いかん》を問わず　平和的手段に依《よ》るの外　之《これ》が処理　又は　解決を求めざることを約す」である。

ここに、戦争違法化の流れの歴史的第一歩が踏み出されていた。ただし、侵略に抵抗する「自衛の戦争」は許されている。

一九二九年、アメリカで株式が大暴落し、世界大恐慌に拡大。日本では一九三〇年のロンドン海軍軍縮会議をめぐって統帥《とうすい》権（天皇の軍隊最高指揮権）干犯問題が起こった。浜口雄幸首相は東京駅で狙撃され、その後、死亡した。

そして、一九三一年九月十八日、関東軍の謀略によって満州事変という武力侵略が起こされた（注4）。外務省編『日本外交年表　竝《ならびに》　主要文書』（以下『外交文書』）には、三篇の「至急　極秘電」が載っている。

「柳条溝《ママ》事件に関する在奉天総領事報告」という幣原外相宛のものである。九月十九日のそれには「満鉄　木村理事の内報に依れば　支那側に破壊せられたり　と伝えらるる鉄道箇所の修理の為満鉄より保線坑夫を派遣せるも　軍は現場に近寄せしめざる趣にて、今次の事件は　全く軍部の計画的行動に出たるものと想像せらる」

（原文は旧字体カタカナ。以降、資料を読みやすいように、できるだけ新字体平仮名にし、ルビを振り適宜改行や一字空けをする。また※は筆者の補遺である。）

同日、若槻礼次郎内閣は「事変不拡大」を閣議決定した。二十一日、蔣介石の国民政府は「無抵抗主義」を声明（『外交文書』林総領事報告）していたとおり、戦いは避け、国際連盟に提訴した。しかし、同日、朝鮮軍はかねてから関東軍と打ち合わせていたとおりに満州へ、天皇の許可なく独断越境し、事変を拡大した。

2　天皇は皇軍の独断越境を許した

本来、大元帥（日本軍の最高司令官）である天皇の許可なしに軍隊を動かすことは大罪である。陸軍刑法「第二章　擅権《せんけん》の罪」の第三十七条は「司令官　権外の事において　やむことを得ざる理由なくして　擅《ほしいまま》に軍隊を進退したるときは死刑　又は　無期　若《もし》くは七年以上の禁錮に処す」となっている。

天皇の最高顧問である元老の西園寺公望は、木戸幸一内大臣（※）を通じて天皇に以下のような進言をした。（※明治以後の内大臣は天皇を常時輔弼する宮中の役職で、政府の内務大臣＝内相と区別して内府とも呼ばれた。）

「御裁可なしに軍隊を動かしたことについて、陸軍大臣　或《あるい》は参謀総長が上奏した時に、陛下がこれをお許しになることは断じてならん。また黙っておいでになることもいかん。一度考えておくと、保留しておかれて、後に何らかの処置をすることが必要（注5）」

元老・西園寺の秘書で、天皇側近との連絡役を務めていた原田熊男も言っていた。

「自分（※原田）は『御裁可なしに軍隊を動かしたりするのは、一種のクーデターであってまことに容易ならん悪例を残すものであると自分も思うから、侍従長の参考までにお話したのである』と言ったところが、侍従長も『田中内閣の前例があろうがあるまいが、御裁可なしに軍隊を動かすことはけしからん』と言って怒っていた（注6）」

昭和天皇は、不戦条約違反の第一号であり、中国の主権尊重を約した一九二二年の九カ国条約違反である、この朝鮮軍・関東軍の「一種のクーデター」に対し、どういう態度をとったか。

育鵬社記述によれば、「①自分の考えと異なる政府の決定であっても、天皇はこれを認めることが原則」であり、『昭和天皇独白録』（以下『独白録』）の発言によれば「二・二六事件（②）と降伏決定」以外は「私は事をなすには、必ず輔弼の者の進言にまち、また進言に逆らわぬことにした（注7）」はずである……。

リアルタイムの記録である一九三一年九月二十二日付、奈良武次侍従武官長の日記によれば、「午後四時二十分、金谷参謀総長拝謁、朝鮮軍より混成旅団派遣の追認　御允許《いんきょ》を内奏し、陛下より此度《このたび》は致方《いたしかた》なきも将来　充分注意せよとの御諚《ごじょう》を拝す（注8）」とある。つまり、昭和天皇は、関東軍の「暴走」に対して、「お許しになることは断じてならん」という元老西園寺らの「進言に逆らわぬ」どころか、全く逆らい、「しょうがないね、今後は注意すればよろしい」と追認したのだった。

十月一日の同日記によれば、

「（※参謀）総長、（※独断越境した朝鮮）軍司令官処分問題に付き思召《おぼしめし》をうかがいたるに、（※天皇は）結局　総長は此間の訓戒的御諚にて　此上　別に処分せずとも可ならん、軍司令官は軽度の処分をなすべき　との思召に帰着する様　拝承せり（注9）」

さらに同月九日の同日記によれば「陛下より、錦州付近に張学良軍隊　再組織なれば　事件の拡大は止むを得べざるべきか、もし必要なれば　余は事件の拡大に同意するも可なり（注10）」とある。

錦州への攻撃は「事変」を決定的に拡大するものだった。「政府の決定」は「事変不拡大」であり、輔弼者たちはまだ誰も錦州への事変拡大を「進言」していない。その段階で、昭和天皇は「事件の拡大に同意するも可なり」と満州事変の決定的拡大の「事をなす」ことを勧めていたのだった。

この一事をとっても、育鵬社教科書の記述や『独白録』の昭和天皇の言葉が、真っ赤なウソ＝歴史偽造であることは明白だ。統治権の総覧者たる元首にして大元帥の昭和天皇の推奨を受け、一九三二年一月三日、日本軍は錦州を攻撃占領、つまりは全満州を占領した。そして、国際連盟は決定的に硬化した。

3　天皇は謀略と知りながら満州侵略軍におほめの勅語を与えた

同年一月八日、天皇は関東軍に勅語を与えた。

「曩《さき》に満州において　事変の勃発するや　自衛の必要上　関東軍の将兵は　果断神速《じんそく》　寡《か》克《よ》く衆を制し　速《すみやか》に之を芟討《さんとう》せり（中略）皇軍の威武を中外に宣揚せり　朕深く其忠烈を嘉《よみ》す　汝将兵益々　堅忍自重　以て東洋平和の基礎を確立し　朕が信倚《しんい》に対《こた》えんことを期せよ（注1-1）」

天皇の統帥権を干犯した大犯罪であり、国際条約を破る重大な信義違反の「満州事変」という名前で行われた中国への侵略戦争を、本当の「平和主義者」つまり「常に戦争を回避しようとし、不幸にして戦争が始まったなら、速やかに終戦にするために行動する人物」ならば、容認することはできないはずであるが……。

『秘録　板垣征四郎（注1-2）』には「一九三二年九月八日、凱旋した関東軍司令官　本庄繁に対し（※天皇は）『満州事変は、関東軍の謀略であったとの噂を聞くが、どうか』と言った」とある。天皇は、これが関東軍の謀略によって起こされたものであることをよく知っていた。

昭和天皇は全く「平和主義者」などではなかったのが事実である。なぜ、昭和天皇がこういう反「平和主義」の態度をとったかについては『独白録』で、天皇自身が告白している。「満州は田舎であるから、事件が起こっても大したことはないが、天津北京で起こると必ず英米の干渉がひどくなり（注1‐3）」と……。満州では、大恐慌対策で混乱する英米の干渉は起こらないだろうと判断したので、「事をなす」＝「戦争をする」に当たって、元老らの進言をまたず、また、進言を受けても逆らい、事変（戦争）拡大に積極的だったのである。

ちなみに、一九八一年九月二日の宮内庁記者会見で、昭和天皇は「私はその（※満州事変）前からですが、日中関係については、平和であることを始終願ってきました（注1‐4）」と語っている。この言葉に続き、昭和天皇は「これらの事件（※満州事変等）については、いちいちいうことは、政治に非常に関係があることですから、避けたいと思います」と発言した。

しかし、過去の歴史事実は、変えられないものであり、政治とは無関係である。過去の歴史について「いちいちいうこと」をしても、日本国憲法違反にはならない。満州事変の時の昭和天皇は「日中関係については、平和であることを始終願ってきました」という事実は無く、昭和天皇は嘘をつき続けてきたのが事実である。統治権の総覧者たる元首にして大元帥である天皇が、事変（戦争）を起こした関東軍並びに朝鮮軍の暴走を追認し、決定的に事変（戦争）を拡大する錦州爆撃占領を指示し、ほめたことなどの事実を公表するわけにはいかない。そのために「避けたいと思います」だったのだろう。

当時に戻ると、一九三三年一月一日、関東軍はさらに軍事行動を拡大し山海関を占領した。天皇の信頼厚い側近だった木戸幸一の日記（以下『木戸日記』）によれば、同月二十六日、昭和天皇は「今日迄のところ、満洲問題は幸いによくやって来たが、熱河方面の問題もあるところ、充分　慎重に事に当り、千仞《せんじん》の功を一簣《いっき》に欠かぬ様に（注15）」と語っている。満州という中国の領土を謀略によって軍事侵略し、事実上の日本領土とすることは、昭和天皇にとっては「千仞の功」であった。

靖国神社戦争別合祀者数（毎日新聞二〇〇五年六月二十日付）を見ると満州事変関係の戦死者数は一万七一七六名である。この、何一つ大義名分のない、自衛などとは全く無縁の満州事変という侵略戦争による国民の死者たちと昭和天皇は、どのように「ともに歩んだ」と言えるのだろうか。この死者たちの幸福を、彼はどのように祈っていたのだろうか。

翌三月、日本は国際連盟を脱退し、四月十日、関東軍は長城線を突破、さらに河北省へ侵攻した。昭和天皇の「関東軍将兵に賜りたる勅語」（十五日）はいう。「克く皇軍の威信を中外に宣揚せり　朕深く其忠烈を嘉す　惟《おも》うに宇内の形勢は頃刻《けいこく》も苟且《こうしょ》を容《ゆる》さず　汝将兵　益々　其力を養い　朕が信倚に対えんことを期せよ（注16）」と。つまり、天皇は、「これからも、ますます、侵略の軍を進め、私の信頼に答えよ」と命じたのである。

一九三四年八月二十四日の『木戸日記』は次のように記述する。

「岡田首相拝謁の際の状況につき話あり。（中略）

（四）海軍はロンドン条約の即時廃棄を熱望せるところ、結論は或は此処《ここ》に至るやも知れざれど、其時期は適当なる機会を選ぶ必要あり。

右に対し陛下より、軍部の要求もあることなれば、其辺にて落付けるより仕方がないと思ふが、ロンドン条約の廃棄は列国を刺激せざるようにしたしとの意味の御言葉あり、尚、来年の本会議の見込みは如何《いかに》との御下問《かもん》（※）あり、日本としては成立に努力する積りなるも、中々困難なりと思考する旨を奉答す。陛下より、決裂するにしても日本が悪者とならざる様に考へよ、との御言葉あり」(注1-7)（※「下問」とは、「天皇が臣下に質問を下した」という外形を取って、命令することである。露骨な命令を天皇は、あまり、出さなかった。露骨な命令を出し、結果が悪かった時には責任を取らなければならなくなるから。）

天皇は、外見上はゴリゴリの軍国主義者ではない。彼は日本の元首として、常に外交関係には気を配っていた。彼にとっては国際社会において「日本が悪者とならざる様」に見えることが大事だったので、そこをクリアできれば、戦争に向かうことが確実な、反「平和主義」の軍拡も構わなかった。この、天皇の容認によって、同年十二月二十九日、日本政府はロンドン海軍軍縮条約の前提であるワシントン案廃棄を通告し、一九三六年ロンドン軍縮会議からの脱退を通告した。日本の軍拡を制限するものはなくなった。

第2章　日中戦争と天皇

1　五・一五事件と二・二六事件に対する天皇の態度の違いは？

一九三六年、二・二六事件が起こる。一九三二年の五・一五事件の時と違い、昭和天皇の怒りは凄まじかった。侍従武官長だった本庄繁の日記は、次のように天皇の言葉を記録している。

「（※二月）廿七　拝謁《はいえつ》の折、暴徒にして軍統帥部の命令に聴従せずば、朕自ら出動すべしと屡々《るる》繰り返され、その後二十八日もまた、朕自ら近衛師団を率いて現地に臨まんと仰せられ、その都度左様な畏《おそ》れ多きことに及ばずと　御諫止《かんし》申し上ぐ。その当時　陛下には、声涙共に下る御気色《みけしき》にて、早く鎮定する様　伝へ呉《ママ》れと仰せらる」

「反乱軍」に近かった本庄は彼らを許すように天皇に申し述べた。「彼等　行動部隊の将校の行為は、陛下の軍隊を勝手に動かせしものにして、統帥権を犯すの甚だしきものにして、固《もと》より許すべからざるものなるも、その精神に至りては、君国《くんこく》を思うに出でたるものにして、必ずしも咎《とが》むべきにあらずと申述ぶる所ありしに、後ち御召しあり。」

天皇は言った。

「朕が股肱《ここう》の老臣を殺戮す、此の如き兇暴の将校等、その精神に於ても何の恕《ゆる》すべきものありやと仰せられ、また或時は、朕が最も信頼せる老臣を悉《ことごと》く倒すは、真綿にて、朕が首を締むるに等しき行為なり、と漏らさる（注1–8）」

この日本軍の最高司令官、大元帥昭和天皇の断固たる鎮圧命令によって、二・二六事件は終息した。五・一五事件の時の天皇の言葉はこうだった。

「岡本侍従の話に、陛下は今回の事件に伴ひ、侍従長、内大臣が辞職することになるにあらずやと御心配被遊居《あそばされお》らるる由なるが、なぜ　如此《かくのごとき》ことを御心配あらせらるるかと云うに、犯人の配布し

たる宣言書に　側近の浄化と云う意味のことがありしが為なるべし　とのことだった」[注19]

五・一五事件の時は、天皇はクーデター軍に怒らなかった。断固たる鎮圧命令も出さなかった。この時、天皇が気にしたのは自分の側近＝「朕が股肱の老臣」が辞職することになるのではないか、という点だった。殺された犬養毅首相は政党人で「朕が股肱の老臣」ではなかった。

三月二日、昭和天皇は本庄侍従武官長に語っている。

「軍部の要望は　依然　強硬なるがごとく、その政策もまた積極なるが如し。これを容《い》れざれば再び　此種事件を繰り返すの懸念あるがゆえ、なるべく　その希望を酌み入れ与えたし。去りとて余りに急激なる革新は、必ずや一般社会状勢と相容れざるべし。自然　慎重なる考慮を要す。（中略）従て　軍部に於ても　国防の充実は可なるも、国家経済の如き、富の分配まで云々するに至るが如きは適当ならず[注20]」

経済政策に口は挟ませないが、軍拡はＯＫ！　という昭和天皇であるので、六月初め、「帝国国防方針、用兵綱領[注21]」も改定裁可され、大軍拡となる。この時、陸軍は十九師団から五十師団、航空兵力百四十二中隊、海軍は主力艦十二隻・空母十二隻という計画である。この航空兵力が六年後、アジア太平洋戦争の緒戦となったマレー沖海戦に出動し、また戦艦二隻・空母六隻がハワイ奇襲に出動した。

2　天皇は日中戦争拡大派だった

一九三七年七月七日夜、北京郊外の盧溝橋で事件が起こった。日本軍の夜間軍事演習中に銃撃があり、兵一名不明ということだった。この兵は二十分後には帰隊していたことが、後に確認された(注22)が、これが発端となって日本は日中全面戦争に入っていくことになった。

翌八日、近衛内閣は臨時閣議を開き、現地では停戦協定が成立していたのに、華北派兵を決定した。近衛が、葉山御用邸に行き、「北支派兵」に関し上奏すると天皇はすぐに裁可した。育鵬社教科書は、『天皇独白録』にしたがったのか、「自分の考えと異なる政府の決定であっても、天皇はこれを認めることが原則」だった、としているが、木戸に天皇は以下のように語っていた。

「盧溝橋事件の起らざる前だったが、どうも支那とは結局　戦わなければならぬように思われたのだが、しかし一面　ソヴィエットに備へなければならぬ。そうすれば支那とは一度妥協するの外なからうと思い、（中略）総長宮と陸相を招き　その点はどうかと尋ねたところ、陸軍としては対ソの準備は心配はない。支那は万一戦争となっても二、三カ月で片付くと云う様な意見の答申であったので、そのままとなってしまった(注23)」

現地では休戦協定が成立していたにもかかわらず、戦火を拡大する「政府決定」の日本軍増援「北支派兵」は、天皇の「自分の考えと」同じだったのである。

同月二十八日、日本軍は華北で総攻撃を開始し、八月十三日には上海で日中両軍の交戦が始まった。同月十五日、近衛首相は有名な「暴支膺懲《ぼうしようちよう》」声明を出した。

十八日、天皇は伏見宮軍令部総長・閑院宮参謀総長に下問している。「重点に兵を集め大打撃を加えたる上にて（中略）和平に導き　速やかに時局を収集するの方策なきや。即ち　支那をして反省せしむる方策なきや。（注24）」

この頃、陸軍部内は拡大派（陸軍省）と、ソ連攻撃を重視する不拡大派（参謀本部）に分裂していた。しかし、天皇は一撃論「弱い支那は、猛攻すればすぐ降参する」という拡大派だった。『独白録（注25）』では、天皇は以下のように語り、それを証明している。

「かかる危機に際して蘆溝橋事件が起こったのである。これは支那の方から仕掛けたとは思わぬ、つまらぬ争いから起こったと思う（※）。その中に事件は上海に飛火した。近衛は不拡大方針を主張していたが、私は上海に飛火した以上　拡大防止は困難と思った。当時　上海の我陸軍兵力は甚だ手薄であった。ソ連を怖れて兵力を上海に割くことを嫌っていたのだ。（中略）二カ師の兵力では上海は悲惨な目に遭うと思つたので、私は盛んに兵力の増加を督促したが、石原はやはりソ連を恐れて満足な兵を送らぬ」（※天皇は、盧溝橋事件が現地軍のメンツからの小競り合い＝『つまらぬ争い』から起こった、という事実を知っていた。）

八月二十一日、陸海軍の両総長が上奏した。これは前記十八日の「重点に兵を集め大打撃を加え……支那をして反省せしむる方策」を出せという「下問」と称する天皇の命令に対する奉答である。

「早期に目的を達する為、目下　最も期待し得へき手段は海軍航空兵力を以て　敵国軍隊の白眉とする航空兵力を覆滅《ふくめつ》し、且つ　重要なる軍事施設、軍需工業中心地　及政治中心地等を反復攻撃して　敵国軍隊　竝に国民の戦意を喪失せしむるにあり（注26）」

この結果、中国の都市に対する無差別爆撃、無辜《むこ》の民の大量虐殺が始まった。

十二月十三日、日本軍は南京を占領し、酸鼻を極めた大虐殺事件を起こすが、二十四日、天皇は南京部隊に「御言葉」を与える。
「中支那方面の陸海軍諸部隊が　上海付近の作戦に引続き　勇猛果敢なる追撃を行い　速に　首都南京を陥れたることは　深く満足に思う　此旨《このむね》　将兵に申伝へよ」(注27)

３　天皇の直接統帥命令である軍令で大本営が設置された

日中戦争が始まって四カ月後の十一月二十日、日露戦争以来三十二年ぶりに天皇直属の最高統帥機関である「大本営」が、軍令＝天皇の直接統帥命令として皇居内に設置された。

「大本営令（昭和12年軍令第１号）
第一条　天皇の大纛《たいとう》下に最高の統帥部を置き之を大本営と称す
　２　大本営は戦時又は事変に際し必要に応じ之を置く
第二条　参謀総長　及　軍令部総長は　各其の幕僚に長として帷幄《いあく》の機務に奉仕し作戦を参画し終局の目的に稽《かんが》え　陸海両軍の策応協同を図るを任とす
第三条　大本営の編制及勤務は別に之を定」

大本営の構成員は、大元帥たる天皇、参謀総長・次長、軍令部総長・次長、陸軍大臣、海軍大臣、参謀本部作戦部長、軍令部作戦部長、侍従武官長の軍人だけである。つまり、首相・外務大臣等の文官は大本営のメンバーになれなかった。戦争相手国である外国との交渉をする、大日本帝国憲法に規定された天皇の輔弼の臣たちは大本営に入れなかった。日清・日露戦争時は正式構成員ではない首相、外相、枢密院議長等の文官、つまり「輔弼の臣」も特旨により参加していた。

つまり、昭和天皇の大本営は「最高戦争指導機構としての性格を持たず、ただ陸海軍の調整機関に過ぎなかった(注28)」のである。

「昭和天皇が戦後にしばしば発言したように立憲君主であることをつねづね心がけていたとすれば、戦争指導の最高機関に関する制度の改廃権を憲法上の輔弼事項から外し、軍事的絶対君主の統帥命令事項に移すことを容認するなどということは考えられない(注29)」ことであり、昭和天皇は「立憲君主」ではなかったのである。

「天皇臨席の大本営会議が大本営の御前会議である。大本営の御前会議は最高将帥のもとでの幕僚首脳会議であり、その決定権は最高将帥である天皇に属した(注30)」

「天皇は一切発言することなく、その場にいるだけ」と一般的に言われている国策決定のための「御前会議」は、この大本営の御前会議とは別ものである。

4 「天皇は国策決定の御前会議では発言しない」というカラクリ

「一般に『御前会議』といった場合には、一九三八年一月を第一回とする国策決定のための御前会議をさす。この御前会議のメンバーは、政府側と大本営側の代表すなわち大本営政府連絡会議の構成員と枢密院議長から成り立っている。(中略)国策決定のための御前会議は日中戦争の処理、

三国同盟問題、対英米開戦、戦争指導とポツダム宣言受諾などの問題について計十五回開かれている。（中略）

なお、ポツダム宣言受諾をめぐる一九四五年八月の御前会議以外では、天皇は発言しなかったと言われるが、これは、国策決定のための御前会議については、おおむね妥当であるが、大本営御前会議においてはそうではなく、大元帥としての天皇は、軍事問題についてはしばしば積極的に下問をし、場合によっては対応する軍人たちを叱責することもあった（注31）」

国策決定の、いわゆる御前会議において、天皇は臨席するが一言も発言しない、ということになっているのにはカラクリがある。

「連絡会議の重要事項や、御前会議の前には、必ず首相、両総長などの責任者が、決定されるべき事項の内容に関して内奏を行い、天皇との間に『御下問』『奉答』をくりかえし、正式の允裁《いんさい》を受ける前に、必ず天皇の納得をうることになっていた。

また、開戦にいたる陸海軍の作戦計画、開戦準備のための陸海軍の行動のすべては、天皇の允裁を受けた大命によっていた。そのさいも、内容について詳しく『御下問』『奉答』がくりかえされていたのであって、決して天皇の意に反する大命が出されていたわけではない（注32）」

つまり、国策決定の御前会議が開かれる前には、天皇に「ご内意をうかがう」という形で、担当大臣や軍人から詳細な提案説明がなされ、天皇が納得しない場合、さらに、見直した案を天皇に提出説明し、天皇が納得したら正式に「内奏」し、そこで天皇の裁可＝許可を受けたものだけが「御前会議」に出されるしくみなのである。当然、天皇は全く発言する必要はなく、御前会議は天皇が事前に裁可したことだけを決定するので、天皇の意に反したことが決定されることはない。

しかし、あくまで、外形、つまり、一見したところは、天皇は発言せず、輔弼の臣たちが決めたことに従うという装いをまとった。

このようなしくみ＝カラクリが考え出されたのは、天皇が最終最高の決定をし、その結果が悪いものであった場合も、天皇だけは責任を負わずに済むように、「輔弼（補佐）の臣が決めたことを、立憲君主としてそのまま裁可しただけだから、責任は輔弼の臣にあって、天皇には無い」ということにする必要があったからである。

ポツダム宣言受け入れをめぐっては、後で見るが、国体の護持＝天皇制の護持をめぐり、一刻を争う事態だったため、天皇に悠長にご内意をうかがい、やりとりをしている余裕が全く無かったので、天皇がダイレクトに発言した、というだけなのだ。

5　天皇は「朕の命令なく一兵も動かすな」と命令した

一九三八年七月十五日には、満ソ国境の張鼓峰《ちょうこほう》で日ソ両軍が衝突する。二十日、天皇は板垣陸軍大臣を叱責した。

「陛下は『今後は朕の命令なくして一兵だも動かすことはならん』と非常に語気強く仰せられたとかで、板垣さんは辞めねばならぬ、と思い詰めたらしい。ぜひやらねばならぬ作戦でもなし、早速手を打って、現地を抑え、次いで間違いのないように国境地区集中部隊の原駐地復帰が二十六日夜指令された。

ところがである。二十九日午前ソ連兵若干が越境、工事を始めたので、師団長は帰還途上の諸隊を呼び戻した。

案ずるより産むが安く、（※天皇は）『出来たことは仕方がない。しかし、よく止まった。第一線の将兵は定めし苦労であろうが、しっかり国境線を固めて絶対にそれ以上出ないようにせよ、と伝えよ』とのお言葉だったのである」(注33)

満州事変の時や、この記述から分かることは、天皇は「ゴリゴリの軍国主義者で好戦的な人物であり、露骨に領土拡大の侵略を命じた」ということはなかったが、しかし「結果オーライの人物であることだ。昭和天皇は領土・勢力圏の拡大または保守ができれば、命令違反をしても「できたことは仕方がない」と判断する、統治権の総覧者たる元首にして軍隊の最高司令官である大元帥であったのが事実である。

昭和天皇は二・二六事件と降伏決定の時だけでなく、「輔弼者の進言」など待ちもせず、自分が必要だと思うときは、断固として「可」「不可」を明示、明言し、命令を出した。その証拠は前記した数例の他にも多数存在しており、この事実を抹殺することは不可能である。しかし、敗戦後七十年間も垂れ流され続ける、日本の国家組織を挙げた歴史偽造とマスメディアとの結託による大宣伝によって、日本では、この事実の抹殺に大いに成功している。

大部分の日本人は現在でも、育鵬社教科書の記述のように「天皇は平和主義者だったので、常に国民のためを思って、戦争を避けようとした。しかし、大日本帝国憲法によって立憲主義者と定められていたから、心の中では反対であっても、輔弼の臣たちの言うままに全てを裁可しなければならず、横暴な軍部によって、戦争になった」と、洗脳され信じ込まされている。
だが、これは事実ではない。真っ赤なウソの作り話である。

注1　月刊誌『自由』（自由社）二〇〇八年二月号　44～45頁
注2　わかりやすい著作に前泊博盛『本当は憲法より大切な「日米地位協定入門」』創元社　二〇一三年
注3　「教科書改善の会」http://kyoukashokaizen.blog114.fc2.com/blog-date-201105.html
注4　『日本外交年表竝主要文書』下　180頁　外務省編　原書房　一九六六年
注5　原田熊男『西園寺公と政局』第二巻　69頁　岩波書店　一九五〇年
注6　同65頁
注7　『昭和天皇独白録』38頁　文春文庫　敗戦から約半年後の一九四六年三月～四月、昭和天皇には戦争責任なしとする東京裁判対策の弁明用として木下侍従らが聞き取っていたもの。天皇の御用掛として通訳をした寺崎英成の遺品である日記類を娘が発見し、その中に含まれていた。一九九〇年に公表された。題名は文春編集者の半藤一利が命名した。
注8　『侍従武官長　奈良武次日記・回顧録』第三巻　359頁　柏書房
注9　同364頁
注10　同367頁
注11　千田夏光『天皇と勅語と昭和史』168～169頁　汐文社　一九八三年
注12　『秘録　板垣征四郎』45頁　芙蓉書房　一九七二年

注13　注７　42頁
注14　高橋紘『陛下、お尋ね申し上げます』317頁　文春文庫　一九八八年
注15　『木戸幸一日記』上　215頁　東京大学出版会　一九六六年
注16　注11　200頁
注17　注15　354頁
注18　本庄繁『本庄日記』235頁　原書房　一九八九年
注19　注15　167頁
注20　注18　237〜238頁
注21　防衛庁防衛研修所戦史室編『戦史叢書　大本営陸軍部〔1〕』393〜397頁　朝雲新聞社　一九七五年
注22　江口圭一「盧溝橋事件・南京大虐殺六十周年と歴史認識」『「自由主義史観」の本質』所収　34頁　部落問題研究所　一九九七年
注23　『木戸幸一日記』下　802頁
注24　『戦史叢書　支那事変陸軍作戦〔1〕』283頁　朝雲新聞社　一九七五年
注25　注７　43〜45頁
注26　注24　284頁
注27　注11　271頁
注28　大江志乃夫『御前会議』105頁　中公新書　一九九一年
注29　同199頁

注30　同194～195頁
注31　山田朗『大元帥　昭和天皇』86～87頁　新日本出版社　一九九四年
注32　藤原彰『昭和天皇の十五年戦争』123頁　青木書店　一九九一年
注33　注12　225～226頁

第2部　太平洋戦争と天皇

第1章　開戦決定と天皇

1　天皇が言う「八紘一宇の真精神」とは

マキャベリズムを嫌う人物

一九四〇年三月三十日、膠着する中国との戦争に対し、陸軍中央部（閑院宮参謀総長、畑俊六陸軍大臣ら）は、以下のように決定せざるを得なかった。

「(※四〇年中に) 支那事変が解決せられなかったならば、(※昭和) 十六年初頭から既取極《きとりきめ》に基づいて、逐次　支那から撤兵を開始、十八年までには上海の三角地帯と北支蒙疆《もうきょう》の一角に兵力を縮める(注1)」

「いわば、事変解決に、参謀本部も陸軍省も手を焼いているので、予算で統帥をくくりつけ、むりやり、支那から撤兵させよう、というのが陸軍省の考えであり、当時参謀本部としても、内々黙認した形であった(注2)」

つまり、中国からの自主的撤兵の方針ができたのである。ところがナチスの電撃作戦によって六月十四日、パリが陥落し、十七日、ドイツ軍に仏ペタン内閣が降伏すると、日本は政府、軍部、そして天皇も俄然、強気になった。英仏に東南アジアでの植民地を守る余力がなくなったからである。

二十日、日本政府は駐日フランス大使を通してフランス政府に申し入れをしている。その内容を西園寺の秘書の原田熊男に外務次官が語っていた。「始終ハノイ、仏印《ふついん》（※）を通って、蔣介石に非常に大きなトラックがかなり送られているが、これを厳重に取り締まることを要求する。また兵力を以て仏印を取ることは考えていないが、前記のことを拒絶された場合は、武力を用いることも、已むをえないかもしれん。(注3)」（※フランス領インドシナ、現在のベトナム・ラオス・カンボジア）

同日、天皇は木戸に語っていた。

「本日　拝謁の際、御話、仏印の問題に触れたるが（※天皇から）、我が国は　歴史にあるフリードリッヒ大王やナポレオンのような行動、極端に云えばマキャベリズムの様なことはしたくないね　神代からの御方針である八紘一宇の真精神を　忘れない様にしたいものだね　とのお言葉あり(注4)」

この記述から「昭和天皇はリベラルで、マキャベリズムを嫌う人物である」と主張する右翼人士がいるが全くの勘違いである。前記、満州事変、日中戦争時の天皇の言動を見れば、そんな解釈は全く成り立たないことが分かる。また、「フリードリッヒ大王やナポレオン」がマキャベリズムを信奉した事実があるか、ということは措いても、要するに「八紘一宇の真精神」というのは、「素直にお前の領土を差し出さなければ殴るぞっ」と脅して、武力を使用しないでも領土・勢力圏が拡大するのが良い、ということである。もちろん、そんなに素直な人・国は、普通は無い。正当防衛として抵抗するだろう。その場合は、当然、「武力を用いることも、已むをえない」となる。そして、武力を用いた結果、どんなに死者（犠牲者）が出ても、成功すれば、天皇はおほめのお言葉を与えたのだった。

この五日後の六月二十五日、「仏印派遣監視委員長として西原一策少将が発令せられた。（中略）さる三月、逐次　撤兵に決定した支那事変の処理方策は、一転して、ここに新しい進展を見たのである。即ち、重慶に後退した蔣政権は、今なお仏印ルートとビルマルートによって、英米側から軍需物資を補給され、徹底抗戦を呼号しているから、まず、英米の援蔣を断ち切ることによって、支那事変は解決しうると考えられたのである。欧州情勢の変転　英米勢力の凋落に際して、この仏印ルートをまず遮断すべく派遣されたのが、この西原機関である。(注５)」

2　天皇の「八紘一宇の真精神」と「平和主義」

昭和天皇の「平和主義」とは

フランス本国がナチスドイツに屈服したのを見て、中国からの撤兵はやめ、仏印（現ベトナム・ラオス・カンボジア）に侵攻して、援蔣ルートを断ち切ることによって、中国に勝利しようとする方針を、天皇の軍隊と政府はとることにした。

一九四〇年九月十三日、仏印問題に関する四相（首、外、陸、海）会議が開かれ、「最後通牒を二十二日現地で仏印側に提示すること、あくまで平和的に進駐すること、抵抗せる場合　武力を行使して目的を貫徹する旨を決定した。(注６)」

翌日、昭和天皇は松岡洋右外相、次に陸海統帥部長の上奏による北部仏印占領計画を裁可した。
「松岡の説明と参謀本部の説明との間には　必ずしも一致せりと見えざる点あるやに思わるるが、現在の状況には政府の方針を実行せしむる外なしと思う」（注7）「自分の考えと異なる政府の決定であっても、天皇はこれを認める」というのではなく、「自分の考えと」同じ「政府の決定」であるから、天皇はこの「(仏印が) 抵抗せる場合武力を行使して目的を貫徹する」ことを認めたのである。これが天皇の「八紘一宇の真精神」だった。そして、これが、昭和天皇の「平和主義」だった。

実際に、政府が施策を決定する前には、いかなる時も統治権の総覧者たる天皇の同意が絶対に必要なわけであるから、政府は「御内意をうかがう」という形で内奏を行い、裁可（許可）を得たものだけが「政府の決定」となる。したがって、天皇の「自分の考えと異なる政府の決定」などが存在するはずもなく、「天皇がこれを認める」のは、当たり前の話なのである。

そこで、九月十六日、大本営政府連絡会議は天皇の裁可の下、「日独伊枢軸強化に関する件」を決定した。その中の「本了解は秘密とする」とある項目に以下があった。

「独伊との交渉において皇国の大東亜建設の為の生存圏として……日満支を根幹として仏領印度及び太平洋諸島、泰国《タイ》、英領馬来《マレー》、蘭領東印度、緬甸《ビルマ》、豪州、新西蘭《ニュージーランド》並びに印度とす　但《ただ》し　交渉上　我が提示する南洋地域はビルマ以東　蘭印　ニューカレドニア以北とす　なお印度はこれを一応『ソ』連の生存圏内に置くを　認むることあるべし」（注8）。つまり「当面は、インド、オーストラリア、ニュージーランドまで日本の生存圏、つまり支配地とすることは決定しておくが秘密にしておき、それどころか、インドはソ連が支配していいよ、ということにしておく」というのである。

さすがに、昭和天皇も、強欲に「印、豪、新西蘭」まで日本の支配圏とすることに決めてはいても、そこまでドイツに明らかにすることは恥ずかしかったのかもしれない。二〇一四年九月九日に公開された『昭和天皇実録』にも、なぜか、こんな外務省編『外交年表』にも載っている事実が欠落しているようだ。

3　天皇の裁可により日本軍は対英米戦へのルビコン川を渡った

北部仏印の無血進駐

一九四〇年九月十九日、第三回御前会議で「日独伊三国同盟条約」を結ぶことを決定する。

『小倉庫次侍従日記』によれば「朝　内閣より、本日午後三時より御前会議を奏請すべき旨、内報あり。次で本件に付いては既に十六日　首相拝謁の際、大体申し上げあるを以《もっ》て、侍従長より伝奏願いたき旨、申し出あり。侍従長　十一・三〇伝奏す。議案の内容に付、御疑点あり、直ちに允許《いんきょ》せられず。侍従長、御前を退下、内大臣と協議す。内大臣は首相と電話にて話し、松岡外相が御前会議前、拝謁を願い出ることとなり、後一・一八御裁可ありたり。（中略）後三・〇七―六・〇五　御前会議（中略）会議後、議案は直ちに上奏、御裁可を得たり。（注9）」

御前会議議案に疑問点があった場合、天皇は「直ちに允許」することはせず、臣下が説明をつくし、天皇が納得して、つまり議案が天皇の「自分の考え方と」同じに修正されて初めて「允許＝御裁可」となるのである。天皇が納得しない場合、当然であるが輔弼の臣どもの方が、天皇の「考え方」と同じになるように案を練り直すのだった。
仏印では二十二日、日本軍の進駐を容認する日仏印軍事協定が成立した。実際には小さな軍事衝突はあったが、一応、武力を用いないですんだ「八紘一宇の真精神」が発揮され、大日本帝国の支配地勢力圏が拡大した。
翌九月二十三日、日本軍は北部仏印に進駐する。これは、対英米戦争を見越した作戦であった。「作戦的に見れば、仏印に兵を進めなければ、いかに南方武力制圧、シンガポール攻略を呼号しようとも、それは空念仏に過ぎない。またいかにわが陸軍統帥部が、その後、太平洋戦争の勃発を挑発しようとも、仏印に基地を持っていなければそれは不可能なのである。」(注10)
この「北部仏印、無血進駐」こそは、対英米戦争へのルビコン川だった。二十六日、アメリカは屑鉄の対日輸出を禁止するという日本政府にとって手痛い経済制裁措置をとった。日本はアメリカから輸入した鉄で日中戦争を戦っていたのである。
二十七日、三国軍事同盟は調印された。昭和天皇は近衛に語った。「なるほどいろいろ考えてみると、今日の場合（※三国同盟は）已むをえまいと思ふ。アメリカに対して、もう打つ手がないというならば、致しかたあるまい。」(注11)
三国軍事同盟も「自分の考えと異なる政府の決定であっても、天皇はこれを認める」原則になっていたから裁可したわけではなかった。「致しかたあるまい」と消極的ではあっても「自分の考えと」同じ「政府の決定」として、天皇はこれを裁可したのである。だから、一時的だったが、日本に有利な日米了解案が成立していた頃の一九四一年四月二十一日付『木戸日記』で天皇は三国同盟を評価している。「こう云う風になってきたのも　考へ様によれば　我国が独伊と同盟を結んだからとも云える、総ては忍耐だね、我慢だね。(注12)」

近衛首相は三国同盟成立のラジオ放送をした。

「米国は、日本が三国同盟を締結して世界新秩序建設に邁進《まいしん》する真意を了解し　且つ又　新しい世界秩序建設ということに米国自身が従来の立場を反省し協力するというならば、日独伊は喜んで米国と協力することになろう。しかし、米国がこの三国の立場を理解せず、三国同盟を敵対的行為としてくるならば、三国は敢然、これと戦う覚悟はある(注13)」

4　天皇は対英米戦に直結する南進作戦計画作成を命じた

日泰軍事協定案について上奏

一九四〇年十一月十三日には第四回御前会議において「支那事変処理要綱」等を決定する。

「方針

一、武力戦を続行する外　英米援蔣行為の禁絶を強化し　かつ　日蘇国交を調整する等　政戦両略のあらゆる手段をつくして　極力重慶政権の抗戦意志を衰滅せしめ　速かにこれが屈服を図る

二、(略)

三、以上の為　特に　日独伊三国同盟を活用す(注14)」

同三十日、天皇は、陸軍参謀総長の杉山元《はじめ》に下問した。

「一、対支長期武力戦に対し

イ、重慶まで行けぬか。

ロ、行けぬとせば　どうするか。

二、南方問題に関し

イ、南方問題は慎重に考えよ。

ロ、南方作戦計画はできたか(注15)」

この、天皇の「下問」と称される命令によって、陸軍は十一月九日、南進計画立案に入った。そして、翌一九四一年一月十六日、北部仏印への増兵に関し、杉山参謀総長上奏において、次のような問答があった。

「総長　重複駐屯（※増兵）には　歩兵第百七十連隊を充当致し度《たし》　該部隊の兵は強い兵隊です

上　強い兵を派遣し乱暴することなきや　武力衝突を惹起することなき様　留意せよ」

ここでも、天皇は増兵そのものには反対ではないので許可をする。ただし、「武力衝突は避けるように(注16)」との注意は与えている。

一週間後の二十三日、陸海両総長が日泰軍事協定案について上奏した。

「陛下から、外務大臣は同意なのか、との御下問があった。陛下としては、今日にも日泰友好条約（※）を締結しようとしている矢先に、統帥部が軍事協定を内奏するのは時期尚早と考えられたものらしい。一応考えるから置いておけ、と申されて、両総長は恐懼《きょうく》して退下《たいげ》した(注17)」（※実際には、これは前年一九四〇年六月十二日に締結されている。）

翌二十四日、昭和天皇は、陸海総長がそろって許可を得ようとした日泰軍事協定案を拒否した。

「陸海軍総長はお召により参内した。陛下からは軍事協定についてよく考えてみたが、泰国には親英米派が多い故、この協定を出すことは危険である。また仏印とは、米の問題など重要事項があるから政府と十分連絡をし　ぬかりないようにせよ。と申されて、お下げ渡しになった（注18）」

「お下げ渡し」とは、言葉には出さないが態度で「提案に対し、はっきりと、不可と示し、拒否した」ということである。

5　天皇は「火事場泥棒」を裁可した

火事場泥棒と防空宮殿

一九四一年二月一日、近衛首相は天皇に「南部仏印、泰施策要綱」を上奏した。

「支那事変処理を中心とする外郭的施策、竝　帝国の必需資源確保の見地より、仏印及び泰と帝国との間に軍事、政治、経済に亘《わた》る緊急の結合関係を設定いたしますことは帝国の自存自衛の上の緊急　且　重要なる措置でございます。要すれば所要の威圧を加え、やむを得ざるにおいては武力を行使するも、目的の貫徹を図るの決意（注19）」

天皇はこれを承認した。

「自分としては相手の弱りたるに乗じ、要求を為すが如きいわゆる火事場泥棒式のことは好まないのであるが、宋襄《そうじょう》の仁《じん》（※）を為《な》すが如き結果になっても面白くないので、あの案は認めておいたが、実行については慎重を期する」（注20）という「考え方」からである。（※情けをかけすぎて、不利益を被ること。宋の襄公が楚《そ》と戦ったとき、公子の目夷《もくい》が敵が陣を敷かないうちに攻めようと進言したが、襄公が人の困っているときに苦しめてはいけないと言って敵に情けをかけたために負けてしまったという故事による［広辞苑］。）

天皇は、このような南部仏印への進駐は、ナチスがヨーロッパを荒らしまわっているのをいいことにした「火事場泥棒式」であることを、よく認識していた。しかし、慎重にやれば「火事場泥棒式」のことも、前年に結んだばかりの日タイ友好条約を破ることも、「やってよし」と命じたのである。「宋襄の仁を為すが如き結果になって」大日本帝国の領土・勢力圏の拡大ができなかったというの「も面白くないので」……これが「平和主義者である昭和天皇」の真姿であった。

さて、この近衛上奏の二カ月後、四月十二日には皇居内に「御文庫」（小倉庫次侍従が命名）という名前の堅固な防空大宮殿の建設が、国民には全く極秘に着工された（一九四二年十二月三十一日完成）。対英米戦争開戦の八カ月も前である。

ウィキペディアによれば「建坪1320㎡。地上1階、地下1階・2階の3階建て。天皇・皇后の寝室、居間、書斎、応接室、皇族御休息所、食堂、洗面所、侍従室、女官室、風呂、トイレなどのほか、映写ホール、ピアノ、玉突き台などもあった。屋根は1トン爆弾に耐えるよう、コンクリート1mの上に砂1m、さらにその上にコンクリート1mを重ねた計3mの厚さであった。天皇は午前中は表御座所（御政務室）、午後は御文庫で過ごすのが日課」

なされていた。と出ている。国民は全く知らないまま、対英米戦争になった場合も、天皇の住居には万全の備えが

日ソ中立条約違反

一九四一年四月十三日には日ソ中立条約が締結され、十六日から、日米交渉が始まる中、六月二十二日、日本にとっては青天の霹靂である独ソ戦が開始された。

同月二十五日、日ソ中立条約を結んだ松岡洋右外相は言っている。「独が勝ち、『ソ』を処分する時、何もせずに取るということは不可。血を流すか、外交をやらねばならぬ。血を流すのが一番、よろしい。(注21)」……血を流すのは松岡ではない。

同日、七月二日の御前会議の内容が天皇に上奏される。南部仏印への日本軍進駐を要求し「我が要求に応ぜざる場合には、武力を持って我が目的を貫徹」する、日ソ中立条約を破ることになるが、独ソ戦でソ連が負けそうになったら「武力を行使して北方問題を解決」という方針を、天皇は難なく裁可する。その時の天皇の言葉は「国際信義上どうかと思うが、まあよい。(注22)(特に語尾は強く調子を高められたり)」である。上記、朝日新聞記事の高松宮の言、「御兄君、天皇陛下」は「曲がったことがお嫌い」で、「国際法なんかに対しては非常に御尊重になる気持ちがおあり」とあるのは真っ赤な嘘である。

七月二日、第五回御前会議において、天皇の裁可を受けていた「情勢の推移に伴う帝国国策要綱(注23)」が決定される。その要旨は次の①②である。

①独ソ戦でソ連が負けそうになったら「武力を行使して北方問題を解決」
②「南方進出の態勢強化」、以上のためには「対英米戦を辞せず」

であった。

当然、「お上は非常に御満足の様子なりき、お昼食後一時半直ちに御裁可せられたるものなり」(注24)

この「要綱」に従い、七月七日、天皇は「関東軍特種演習」といわれる対ソ戦のための七十万人という大兵力の満州動員を裁可する。実質上、大日本帝国は、日ソ中立条約を破ったのである。

十二日、大本営政府連絡会議は「米国で行われている野村工作を打ち切るべきか、どうかにつき審議した結果、交渉を続行し　なるべく決裂を延期するに努めることとなった。(注25)」時間稼ぎが必要だった。

6　天皇は南部仏印進駐を裁可したが、まだ対英米戦の決意はできなかった

真に重大な決意

しかし、「スターリン政権は、われわれが予期していたのに反して強靭である。（中略）極東ソ連軍も、殆ど、さしたる動きはない。いわゆる対ソ開戦の好機はいつ来るのやら、予想はできない(注26)」という北方の状況下、七月二十三日、ヴィシー仏政権は日本の南部仏印進駐を受諾した。日本軍は予定通り二十八日、南部仏印に進駐を開始した。三十日の天皇と杉山参謀総長、永野軍令部総長との「御下問奉答」は以下のようになっている。

「一、極東『ソ』軍は兵力を西送せざるが、これは日本軍が動員したからでは無いか。動員を中止してはどうか。

総長は動員続行の必要性に関し詳細奉答申上げたり

二、昨二十九日　永野総長が南方作戦及び対英米作戦の経過　並　対英米戦の決意の必要と現下の情勢とに関し上奏せる際の印象は　天機（※天皇の機嫌）極めて御不満にて　対英米戦の不可なるをお考えの様子に拝察せられたり（中略）

三、右の如きを以て　対英米武力戦の決意は国家としては　未だ此域に達すること遠きを思ざるべからず　又　対北方武力戦準備も動ともすれば中止等動揺することなきやを　懸念せしむるものあり」

「永野軍令部総長が上奏せし際

上　伏見総長は　英米と戦争することを避くる様に言いしも　お前は変わったか

永　主義は変わりませぬが　物が無くなり　逐次　貧しくなるので　どうせいかぬなら早い方が良いと思います」(注27)

天皇は「対英米作戦の経過　並　対英米戦の決意の必要」という軍幹部の提案に対しては、非常に不機嫌だった。したがって、この段階では「対英米武力戦の決意は国家」すなわち、昭和天皇「としては　未だ此域に達すること遠き」状態である。

同月三十一日、天皇は永野軍令部総長から「（※日露戦争における）日本海海戦のごとき大勝はもちろん、勝ち得るや否やもおぼつかなし」との対米戦の見通しを聞いて、木戸に語っている。
「かくてはつまり捨てばちの戦をするとのことにて誠に危険なり」(注28)
しかし、翌八月一日、アメリカは「対英米戦」を意味する前年の北部仏印進駐に引き続く日本軍の南部仏印進駐に対し、対日石油輸出禁止の経済制裁措置をとった。そうすると二十カ月後には備蓄がゼロになる。
八月十一日、天皇は「もし、米国が日本の申出(※中国から撤兵はしないが、石油・鉄は売ってくれ)につき単純明快に受諾せざる場合には　真に重大なる決意を　為さざるべからずと思う」(注29)と木戸に語った。天皇は、対英米開戦の決意は「真に重大なる決意」であることを知っていた。日本国民を三百十万人殺すことになる、他国民は、さらにその何倍も殺すことになる「真に重大なる決意」である。

7　天皇は平和主義者だったから明治天皇御製《ぎょせい》を読み上げたのか

敗戦直後の天皇の嘘

一九四一年九月五日、翌日予定の御前会議の議題内容の許可を求める上奏を近衛総理とともに杉山参謀総長が行った時、天皇は以下のように言った。
「御上　絶対に勝てるか(大声にて)
総長　絶対とは申しかねます　而し　勝てる算のあることだけは申し上げられます　必ず勝つと

は申し上げかねます　尚　日本としては半年や一年の平和を得ても　続いて国難がくるのではいけないのであります　二十年、五十年の平和を求むべきであると考えます。
御上　ああ、分かった（大声にて）（中略）
総理　両総長が申しましたる通り最後迄平和的外交手段を尽し已むに已まれぬ時に戦争となることは両総長と私共とは気持ちは全く一であります。
杉山総長所感
南方戦争に対し相当御心配ある様拝察す[注30]」

これに対して、『海軍戦争検討会議記録』では、永野修身軍令部総長が語ったこととして、以下のように記録されている。

「永野は『原案の一項（※戦争準備）と二項（※外交交渉）との順序を変更致すべきや、否や』を奏聞せしが、御上は『それでは原案の順序でよし』と　おおせられたり[注31]」

また、海軍の情報将校で早期終戦工作をした『高木惣吉　日記と情報』（下）によれば、

「御上　よし解つた（御気色和げり）
近衛総理　明日の議題（※一項：戦争準備、二項：外交交渉）を変更致しますか如何《いかに》　取計《とりはからい》ませうか。
御上　変更に及ばず[注32]」となっている。

原案の順序を入れ替え「外交交渉」を優先したほうがいいか、天皇に伺いを立てたのは永野総長か、近衛首相か、どちらだったかは明らかでないが、昭和天皇自身が原案通り、「一項：戦争準備、

二項：外交交渉でよし」と了承したことでは共通している。しかし、育鵬社教科書③は「戦争よりも日米交渉の継続を重臣たちに示唆しました」とする。

敗戦後、東京裁判で戦争責任を問われないよう、昭和天皇の弁明として作成された『独白録』では以下のようになっている。

「九月五日午後五時頃　近衛が来て　明日開かれる御前会議の案を見せた。これを見ると意外にも第一に戦争の決意、第二に対米交渉の継続、第三に十月上旬に至るも交渉のまとまらざる場合には開戦を決意すとなっている。これでは戦争が主で交渉は従であるから、私は近衛に対し、交渉に重点を置く案に改めんことを要求したが、近衛はそれは不可能ですと云って承知しなかった」(注33)となっていて、昭和天皇は近衛を悪者にしている。しかし、輔弼の臣である首相の近衛が、統治権の総覧者の明確な指示に反論して従わない、ということは、大日本帝国憲法上、有り得ないことであり、明らかに昭和天皇は嘘をついているのである。

戦争への一致協力を要求

九月六日、第六回御前会議が開かれ「帝国国策遂行要領」が決定される。「対英米戦を辞せざる決意のもとに概ね十月下旬を目途として戦争準備を完整す」(注34)と。

この時、天皇は御前会議中は一言も発言しないことになっているのに異例の発言をした。もともとが御前会議前に全て天皇の許可を得ているものだけが提案されるのであるから、発言の必要はないのであるが……。その御前会議における発言とは、育鵬社教科書③にあるように、天皇が「平和主義者」であることを証明するものとして有名な「私は毎日、明治天皇の御製の『四方の海　皆同胞と思う代《ママ》に　などあだ《ママ》波の立ち騒ぐらん』を拝誦しておる。どうか（注35）」である。育鵬社教科書も、また、ほぼ全部と言っていいくらいのマスメディアも、この時、天皇が「平和を願う明治天皇の御製を読み上げた」ことをもって、天皇はこの時、戦争よりも「平和」を選ぶよう「重臣たちに示唆しました」と信じ込ませようとしている。そして、敗戦後七十年間、くり返し執拗に、これが垂れ流され続けた結果、これを事実と信じ込んでいる日本人は非常に多い。

しかし、リアルタイムで記録された『木戸日記』の記載は以下である。

「九時四十分より九時五十五分迄、御召により拝謁す。本日の御前会議にて御質問相成《あいなり》度　思召《おぼしめし》にて　種々御下問ありたるを以て、余としては御疑問の重要なる点は　原枢相に於て質問すべき筈なれば、陛下としては最後に　今回の決定は国運を賭しての戦争となるべき重大な決定なれば、統帥部に於ても外交政策の成功を齎《もたら》すべく　全幅の協力をなすべし　との意味の御警告を被遊《あそばされる》ことが最も可然《しかるべき》かと奉答す。（中略）

一時十分より一時三十分迄、拝謁、御前会議の模様につき御話あり。原議長の　外交工作を主とするの趣旨なるや　云々の質問に対し、海軍大臣より答弁し　統帥部は発言せざりしに対し、最後の御発言あり、統帥部の答弁せざるを遺憾とすとの仰せあり、明治天皇の御製『四方の海』の御歌を御引用に相成り、外交工作に全幅の協力をなすべき旨仰せられたる旨奉《ママ》る（注36）」

天皇は前日の五日「対米施策につき作戦上の御疑問も数々あり」だった。対英米戦争には統帥部（軍部）と外交政策（国務＝行政）の絶対的協力が必要である。したがって「今回の決定は国運を賭しての戦争となるべき重大な決定なれば、統帥部に於ても外交政策の成功を齎すべく全幅の協力をなすべしとの意味の御警告を被遊こと」を、『四方の海』の御歌を御引用に相成り、外交工作に全幅の協力をなすべき旨仰せられたる」のが真実なのだ。

南方作戦を簡単に裁可

だから、三日後の九日、天皇は陸軍の南方作戦構想（香港、英領マレー、ボルネオ、フィリピン、グアムが、おおむね同時、次いで蘭印＝インドネシアを占領）を「お下げ渡し」になるどころか、以下のような問答のあと、なんとも簡単に裁可しているのである。

「御上　作戦構想についてはよく分かった　南方をやって居るとき北方から重圧があったらどうするか

総長（中略）北方に事が起これば支那より兵力を転用することなども致しまして中途で南をやめる様なことはいけません

御上　それで安心した（注37）」

もし、昭和天皇が本当に「平和主義者」で、九月六日の御前会議では「対英米戦争は絶対に避け、平和を保たなければならない」という「考え方」をしていたために「四方の海」の歌を読み上げたのなら、こんなに簡単に対英米戦の「作戦構想についてはよく分かった」と、裁可することは有り得ないだろう。

翌日の九月十日には天皇は杉山に言ったとおり、陸軍の南方作戦動員をなんとも簡単に裁可した。「御上　動員をやってよろしい。（注38）」

この結果、海軍は十一日〜二十日、極秘裡に「ハワイ作戦特別図上演習（注39）」を行った。

十月十三日、天皇は木戸に語った。

「昨今の状況にては　日米交渉の成立は　漸次　望み薄くなりたる様に思はるる処、万一開戦となるが如き場合には、今度は宣戦の詔勅を発することとなるべし。其の場合、今迄の詔書について見るに、連盟脱退の際にも　特に文武恪循《かくじゅん》と世界平和と云うことに就いて述べたのであるが、国民はどうも此点を等閑視して居る様に思われる。（中略）

対米英戦争を決意する場合には、尚　一層　欧州の情勢　殊に英独、独ソの和平説等を中心とする見通し　及び　独の単独和平を封じ　日米戦に協力せしむることにつき、外交交渉の必要あり（注40）」

天皇は迷っていたかもしれないが、「常に国民の幸せを祈る平和主義者」として「絶対に対英米戦争を避けたい」という「考え方」をした、ということを示す証拠記録は全く無い。

8　天皇は対英米戦を避け得る道を拒否した

育鵬社教科書記述の嘘

「対英米戦争だけは絶対に避けたい」と考えていた近衛文麿が、この二日後の十五日のこととして、一九四四年（昭和十九）年四月に談話筆記したという『平和への努力』には、以下のような記述がある。

「同夜（※一九四一年十月十四日）陸軍大臣（東条）の伝言は次の如くである。『（中略）陸海軍を抑えてもう一度この案（※対英米開戦決定）を練り直すという力のある者は　今　臣下にはない。だから、どうしても後継内閣の首班には　宮様に出て頂くより以外に途はないと思う。その宮様には　先ず東久邇宮殿下が適任と思う。（中略）どうか東久邇宮殿下を後継首相に奏請することに御尽力願いたい。』

翌十五日参内、（中略）陛下は『皇族が政治の局に立つことは、之は余程考えなければならんと思う。殊に平和の時ならば好いけれども、戦争にでもなるという虞《おそれ》のある場合には、尚更《なおさら》皇室の為から考えても皇族の出ることはどうかと思う[注41]』」

「戦争にでもなるという虞のある場合」だからこそ、それを避け「平和」を選ぶためには皇族内閣の権威が必要だと、輔弼の臣たちは近衛首相だけでなく、開戦論者の東条陸軍大臣でさえ一致して進言していた。「昭和天皇の対英米戦を避ける意志を示す皇族内閣を」と天皇に奏請していたのである。しかし、昭和天皇はその輔弼の臣たちの一致した「進言」を拒否した。

『木戸日記』の十月十六日の記録は以下である。「万一、皇族内閣にて日米戦に突入するがごとき場合には（中略）万一予期の結果（※勝利）を得られざれば、皇室は国民の怨府となるの虞あり。[注42]」

つまり、昭和天皇及び天皇に最も近い側近である木戸は、「皇室の為」が「日米戦を避けること」よりも大事だという「考え方」をしていたので、国民を塗炭の苦しみに引きずり込み、他国民にも言語に絶する被害を与える「戦争への道」を「自分の考え」で選んだのだった。「自分の考えと異なる政府の決定であっても、天皇はこれを認めることが原則となっていました」からではない。

したがって、育鵬社教科書①の記述は真っ赤なウソということになる。この時、日英米「戦争を避ける」ための唯一の方策、輔弼の臣たちの一致した進言を拒否した昭和天皇は、いったいどこで「国民とともに歩んでいた」のか？　いったい、どのように国民の幸せを祈っていたのか？　「たふれゆく民」が出ないように、どんな努力をしたのか？

ちなみに、当時内閣書記官長をしていた富田健治は次のように記録している。「宮中から帰ってきた近衛公に早速聞いたことであるが、近衛公は、『陛下がこの際、「戦争になる虞ある場合」云々と仰ったが、やはり戦争することを考えておられるには驚いた。』（中略）と語りながら、近衛公の顔色には何か一抹淋しそうなものが私には感じられた。(注43)」

近衛は、「昭和天皇は平和主義者だ」と思い込んでいたのに、実際は昭和天皇が日英米戦争を何が何でも避けようとするのではなく、日英米戦争をすることも「考えておられる」ことが分かって、驚かざるを得なかったのだろう。

9　大日本帝国憲法は立憲君主制か

近衛のぼやき

日中戦争を拡大した近衛だったが、勝ち目のない日英米戦争だけは避けるべく、交渉継続に熱意を抱いていた。しかし近衛内閣は瓦解し、総辞職せざるをえなかった。そして、天皇は、主戦論者の東条英機に組閣を命じた。近衛の『平和への努力』によると、以下のような経過だった。

「内府（※木戸幸一内大臣）が東条陸相を（※首相に）推したのは日米開戦の方へ持っていこうという腹からではなかったようである。（中略）東条陸相に　海軍の意嚮《いこう》がハッキリせぬ以上は一度全部御破産にして案を練り直す　ということも言っていた位だから　陸相に大命が下っても直に戦争に突入することはあるまい。殊に大命降下の際　何等か（※天皇の）御言葉でも賜れば　陸相としては一層慎重な態度を採るだろう　というのが内府の腹だったようだ。（中略）表面より見れば　日米交渉を継続せんとする首相と　之を打ち切らんとする陸相との意見衝突から　内閣不統一の結果総辞職となったのである。随って　次の内閣組織の大命が陸相に降下したことは　当然　日米交渉を打切り　惹《ひ》ては日米開戦を意味するものと一般に解せられても無理はない」

「抑《そもそも》　統帥が国務と独立して居ることは　歴代の内閣の悩むところであった。今度の日米交渉に当たっても　政府が一生懸命交渉をやっている一方、軍は交渉破裂の場合の準備をどしどしやっているのである。而かも其準備なるものがどうなって居るのかは　吾々には少しも判らぬのだから、それと外交と歩調を合せる訳にいかぬ。船を動かしたり動員をどしどしやるので、それが米国にも判り、米国は吾が外交の誠意を疑うことになる次第で、外交と軍事の関係が巧く行かないのは困ったものであった。

日米戦うや否やという逼迫した昨年九月以降の空気の中で、良識論者の一人であらせられた東久邇宮殿下は、此局面を打開するには、陛下が屹然としてご裁断遊ばさるる以外に方法なし　と御言明になった事があるが、陛下には、自分にも仰せられたことではあるが、軍にも困ったものだということを東久邇宮にも何遍か仰せられたと拝聞する。その時、殿下は　陛下が批評家のようなことを仰せられるのは如何でありましょう。不可と思召されたら、不可と仰せらるべきものではありますまいかと申上げたと承っている。（中略）西園寺公や牧野伯などが英国流の憲法の運用ということを考えて、陛下は成るべく、イニシアチーブをお取りにならぬようにと申上げ、組閣の大命降下の際に仰せられる三カ条――憲法の尊重、外交上に無理をせぬこと、財界に急激なる変化を与えぬこと――以外は御指図遊ばされぬことにしてある為かと　ひそかに拝察される。然るに日本の憲法というものは、天皇親政の建前であって、英国の憲法とは根本に於て相違があるのである。殊に統帥権の問題は、政府には全然発言権なく　政府と統帥部との両方を抑え得るものは陛下御一人である。然るに　陛下が消極的であらせられる事は　平時には結構であるが　和戦何れかというが如き国家生死の関頭にたった場合には　障害が起こり得る場合なしとしない（注44）」

天皇は君臨し統治する

近衛の言うとおりであった。大日本帝国憲法は天皇大権を規定しており、「君臨すれども統治せず」という英国流の議院内閣制の憲法ではない。王権も議会によって制限を受ける英国流の立憲君主制ではない。それは、「君臨し、統治する」という絶対的大権を天皇に保持させた「英国の憲法とは根本に於て相違がある」憲法だった。

実際、前記したように昭和天皇は輔弼の臣が一致して進言したことでも「不可と思召されたら、不可と仰せら」れた証拠は数多く存在している。

大正デモクラシー期に天皇機関説によって政治が運営され、選挙で選ばれた第一党の政党の党首が内閣を組織するという、実質的な議院内閣制が続いていた場合（一九二五〜一九三二年の約八年間）には、帝国憲法下でも「立憲君主制」に近づく可能性は存在した。しかし、天皇機関説を否定し、天皇絶対権の「国体明徴声明」を政府が出すことを昭和天皇自身が裁可し、美濃部達吉を見殺しにしたことによって、その道は潰えていた。

したがって、昭和天皇は立憲君主ではなく、絶対君主であった。付け加えれば、大日本帝国憲法にとって代わった日本国憲法においては、天皇は存在するけれども「主権の存する国民の総意に基づく」ものであり、「国事に関する行為のみを行い、国政に関する権能を有しない」。したがって、天皇は英国王と違い「君臨せず、統治せず」という「象徴」に過ぎない存在となったのである。

10 「白紙還元の御諚《ごじょう》」は天皇の平和主義を証明するか

対英米作戦を嘉納

十月十八日、天皇は東条英機に内閣総理大臣を命じた時、自分の口からではなく、木戸内大臣を通じて、いわゆる「白紙還元の御諚」なるものを与えた。「九月六日の御前会議決定にとらわるるところなく……慎重なる考究を加うることを要す。(注45)」

しかし、九月六日の御前会議決定を覆し「日英米開戦を避けて平和を選ぶように」との指示は全くない。「慎重なる考究を加うること」を指示しただけである。天皇は忠臣東条に対し、大きな信頼を抱いていた。「彼ほど、朕の意見を直ちに実行したものはない」と木下道雄侍従に対し敗戦後の一九四六年二月に語っている。[注46]『独白録』でも「東条は一生懸命仕事をやるし、平素　云っていることも思慮稠密《ちょうみつ》で　中々良いところがあった[注47]」と、東条の忠臣ぶりをほめている。

もし、天皇が東条に対し「日米開戦は絶対に避け、平和を選んではどうか」と「ご下問」をすれば、忠臣東条は忠実に従うしかなかった。しかし、昭和天皇はそれを命じなかった。

十一月二日、国策再検討終了後、東条首相と陸海統帥部長は天皇に対米戦の作戦計画を上奏した。そして、「平和主義者」昭和天皇は、それを次のように「御嘉納あらせられ」たのである。

「総理より　十一月一日の再検討最終連絡会議の細部に亘り　詳細に奏上し　且　御前会議　軍事参議官会議開催を御願いすることを奏上す　総理は涙を流して　研究に時日を費し　統帥部の要望する期日を逸しつつあるを遺憾に存じあり　統帥部としては航空部隊の準備に関する命令を　御前会議前に発令方を希望の様であり　其際は御裁可方　御聖慮を煩し度い旨申上げ　御嘉納あらせらる

オ上　戦争の大義名分を如何に考うるや

東条　目下研究中でありまして、いずれ上奏致します

オ上　海軍は鉄一一〇万屯あれば損害があっても良いか　損害はどのくらいある見込みか

永野　（略）

オ上　陸軍も相当に損害があると思うが運送船の損害等も考えて居るだろうな、防空はよいか[注48]」

「英米と戦争する」と決めておいてから、天皇は「戦争の大義名分を如何に考うるや」、つまり「英米と戦争する大義名分を考えろ」と東条首相に命じているのである。英米との戦争に「大義」など

なかったのである。
この時、否応なく戦争に引きずり込まれ、殺し合いをさせられ、命を失い、肉体を損傷され、運命を狂わされることになる自国の「たふれゆく民」のことを天皇が考えた痕跡はない。かろうじて「防空はよいか」という言葉だけが存在する。「防空」など、全く「よい」どころでなかったことは、その後の空襲の死者が証明したが……。

奇襲作戦を熟知

翌十一月三日、陸海軍総長は真珠湾攻撃・マレー攻撃作戦を上奏、以下のような奉答があった。
「オ上　香港は『マレー』作戦を確認してからやることは解った　支那の租界はどうするか
杉山　租界接収　及　交戦権の発動は目下研究しております
オ上　租界は香港の後でやるだろうな
杉山　そうで御座います、他の方面でやると『マレー』の奇襲は駄目になります
（中略）
オ上　『マレー』は天候の関係からはどうか
総長　『マレー』は機先を制して空襲やる様に考えて居りましたが　気象上からは雨が三、四日連続降るので　奇襲を主といたしました　比島は大丈夫と思います
（中略）
オ上　泰に関する外交交渉は　大義名分から言えば早くするを可とし　又　軍の奇襲からは遅い

ほうがいいと思うがどうかね（※タイとは前年、友好条約を結んでいた）
杉山　仰せの通りであります。しかし決意致しませぬと　企図が暴露し　又　現在は相当切迫して居るので　気を付ける必要があります、よく外務側と相談して研究致します
オ上　海軍の日時は何日か
永野　８日と予定して居ります
オ上　８日は月曜日ではないか
永野　休みの翌日の疲れた日が良いと思います（注49）」

昭和天皇は十二月八日の真珠湾奇襲作戦を含む、マレー、香港、フィリピンへの同時多発奇襲攻撃作戦を、よく知っていた。奇襲とは、無通告攻撃、あるいはほとんど無通告攻撃に近い、敵がその通告を受けても迎撃を準備できないギリギリになっての通告を含む。また、互いの領土の尊重を約した日泰友好条約違反になるタイへの侵攻も天皇は裁可した。

11　天皇は対英米開戦の「要領」を納得して裁可していた

開戦計画を裁可

一九四一年十一月五日、第七回御前会議において、あらかじめ天皇の裁可を得ていた「武力発動の時期を十二月初頭と定め、陸海軍は作戦準備を完整す」「十二月一日午前零時までに対米交渉成

功すれば武力発動を中止」という「帝国国策遂行要領」は決定された。この時の奉答については、以下のような記録がある。

「会議後　作戦計画の上奏に際しては　よく御納得せられたりと拝す、直に御允裁を賜わりたり

尚　左記　御質問あり

オ上　此際　秘密保持の点から　軍司令官以下を　何時頃　現地に向け出発せしむるか

（中略）

オ上　何時迄　秘密が保てるか

杉山　あれだけの軍隊でありますから　何とも申上げられませぬ

オ上　北を騒がせるな

杉山　統帥部としては　極力　防止の注意を与えております（注50）」

（※天皇は大元帥として作戦実行のための「秘密保持」に、たいへん、気を使っていることが分かる。）

海軍大臣の『嶋田繁太郎大将　開戦日記』には「会議終了後に　即刻　御裁可あらせられしことは、すでに長き間の御熟慮、御決意の結果と拝せられ、恐懼に堪えず（注51）」と記録されている。

同日、陸海軍統帥部は「南方作戦御前兵棋演習（注52）」として、天皇の前で作戦の詳細なシミュレーションを実施した。会議終了後、永野軍令部総長は、真珠湾奇襲計画を含め以下のように詳しく天皇に説明した。

「開戦劈頭　菲島（※フィリピン）及　馬来（※マレー半島）に対する先制空襲と　成るべく時

を同じく致しまして　第一航空艦隊司令長官の率いる航空母艦六隻を基幹とする機動部隊を以ちまして　布哇（※ハワイ）在泊中の敵主力艦隊を空襲します。

右機動部隊は千島より補給の上　開戦十数日前　内地を進発致しまして　布哇北方より近接し日出一、二時間前『オアフ』島の北方約二〇〇浬付近にて　全搭載機約四〇〇機を発進せしめ　碇泊中の航空母艦、戦艦、竝に所在航空機を目標として奇襲攻撃を加うる計画でございます。

本奇襲作戦は　桶狭間にも比すべき　極めて大胆なる作戦でございますが　奇襲当日　敵艦隊が在泊して居ります限り　戦艦及航空母艦を各二、三隻を撃沈致しますことは可能と存じます。（注53）（後略）」

同日、上奏裁可された大本営政府連絡会議「対米英蘭蔣戦争終末促進に関する腹案」は「速かに極東における米英蘭の根拠地を覆滅して　自存自衛を確立するとともに、さらに積極的措置に依り蔣政権の屈服を促進し、独伊と提携して　先づ英の屈服を図り、米の継戦意志を喪失せしむるに努む」（注54）である。

「独伊」頼みの他力本願であった。こんな、あまりにもいい加減な「対米英蘭蔣戦争」を、国民の全く知らないところで、昭和天皇は裁可していたのだった。いったい、この時、どこで、昭和天皇は国民とともに歩んでいたのだろうか？　どのように、国民の幸せを祈っていたのか？　どのように「たふれゆく民」の身の上を思っていたのか？

十一月二十日、大本営政府連絡会議は極秘のうちに、もちろん、天皇の裁可を受けて「南方占領地行政実施要領」を決定した。

「第一　方針
占領地に対しては差し当たり軍政を実施し、治安の恢復、重要国防資源の急速獲得、および作戦軍の自活確保に資す
第二　要領
（略）
七、国防資源獲得と、占領軍の現地自活のため　民生に及ぼさざるを得ざる重圧は　これを忍ばしめ、宣撫上の要求は　右目的に反せざる限度に止むるものとす。
八、現住土人に対しては　皇軍に対する信椅観念を助長せしむる如く指導し、その独立運動は過早に誘発せしむることを避くるものとす」(注55)

「アジアの植民地を欧米から解放する」内容などは、どこにも見当たらない。武力で南方＝英米蘭の植民地である東南アジアを占領し、「重要国防資源の急速獲得」をすること、つまりは、東南アジアの資源を強奪するために侵略戦争をする「方針」であることは明らかである。東南アジアの人々を「土人」と呼び、日本占領軍の重圧には文句を言わせず、つまり、文句を言えば殺すことを意味し、「独立運動など」「誘発」してはならなかった。

当時の日本国民は（現在の日本国民も、かもしれない）、あの戦争が、昭和天皇の許可の下に計画された、日本による明確な侵略戦争であったことを、全く知る機会はなかった。

12　念には念を入れた天皇の「聖断」で開戦が決定された

内閣決定は議題案だけ

天皇の裁可を受けたマレー・真珠湾奇襲作戦計画に基づいて十一月二十二日、海軍空母機動部隊が、択捉島《エトロフ》ヒトカップ湾に集結する。十一月二十六日、陸海軍にマレー・真珠湾攻撃への出発命令が出され、連合艦隊は択捉島よりハワイ沖に出発した。

同日、駐米日本大使に、ハル国務長官の覚書が手交された。これは、冒頭に「試案にして拘束せられず」とあるものであり、正式名は「合衆国及び日本国間の協定の基礎概略」である。最後通牒というようなものではなかった。「『ハル・ノート』という言葉は東京裁判のあたりから」使われるようになったもので、敗戦前にはなかった言葉である。(注56)しかも、外務省が全文翻訳を政府軍部関係方面に配布したのは二十八日であるのに、二十七日に早々と大本営はハル・ノートを最後通牒と結論付けている。

東京裁判の「東条大将の宣誓供述書」は次のように述べる。

「(十一月二十七日)午後二時より　さらに連絡会議を開き（中略）その審議の結果、到達したる結論の要旨は次の如くなりと記憶する。

一　十一月二十六《ママ》の覚書は明らかに日本に対する最後通牒である」(注57)

そして、同日、大本営政府連絡会議は「宣戦に関する事務手続に付て」を次のように決定した。

「宣戦に関する事務手続順序　概ね左の如し。

第一、連絡会議に於て、戦争開始の国家意思を決定すべき御前会議々題案を決定す。(十二月一日閣議前)

第二、連絡会議に於て決定したる御前会議々題案を更に閣議決定す。（十二月一日午前）
第三、御前会議に於て、戦争開始の国家意思を決定す。（十二月一日午後）
第四、Y（X＋1）日　宣戦布告の件　閣議決定を経、枢密院に御諮詢《しじゅん》を奏詞す。
第五、左の諸件に付　閣議決定を為す。
一、宣戦布告の件　枢密院議決上奏後、同院上奏の通　裁可奏請の件。
（裁可）
一、宣戦布告に関する政府声明の件[注58]（後略）」
つまり、閣議＝内閣の議決で決めるのは、開戦決定の御前会議の議題案だけである。御前会議で開戦の「国家意思」を決定をするのは誰か？　それは大元帥にして統治権の総覧者である昭和天皇以外には存在しない。

天皇は満足して聖断

十一月三十日の木戸日記は、当時、海軍中佐だった高松宮が天皇に開戦を避けるように訴えた後のことを書く。
「（※高松宮の訴えを聞いた天皇から）どうも海軍はできるなれば日米の戦争は避けたいようだが、どうだろうかね、との御尋ねあり。よって今度のご決意は　一度　聖断あそばさるれば、あとへは引けぬ重大なものでありますゆえ、少しでも御不安があれば、十分、念には念を入れてご納得のいくようにあそばされねばいけないと存じます。ついてはすぐに海軍大臣、軍令部総長をお召しになり（中略）と奉答す」

「（午後）六時三十五分、お召しにより拝謁、海軍大臣、総長に先程の件を尋ねたるに、いづれも相当の確信を持って奉答するゆえ、予定の通り（※開戦に）すすむるよう首相に伝えよとの御下命あり。すぐに右の趣を　首相に電話を以って伝達す」（注59）

この時、海軍大臣、軍令部総長に対して、天皇は以下のように発言していた。

「陛下は『いよいよ矢を放つことになるね。矢を放つとなれば長期戦になると思うが、予定通りやるか』と質《ただ》され、永野総長は『大命　一旦降下すれば　予定通り進撃いたします。我が機動部隊は単冠湾《ひとかっぷ》を出撃し、真珠湾の西方一、八〇〇浬に迫っております。』と言上した。嶋田大臣は『人も物もすべて準備はできております。大命降下をお待ちしております。先日上京した山本連合艦隊司令長官の話によりますと（中略）ハワイ作戦』には張り切っていると申しておりました」

『『ドイツが戦争をやめるとどうなるか』と（※天皇が）仰せられたので、大臣は『ドイツをあまり頼りにしておりません。ドイツが手を引いてもどうにかやっていけると思います。』とお答えした。（中略）聖断を明日に控えて、陛下にご心配をおかけしてはまことに恐懼に堪えないので　このように奉答したのであるが、陛下にはご安心あそばされたご様子であった」（注60）

『嶋田繁太郎大将　開戦日記』によれば、末尾は「一同　固く覚悟をしおること　陛下　御満足遊ばされしと拝察す」（注61）である。

国民が全く知らないうちに、昭和天皇は、数百万の国民の命を奪い、その数倍の国民の運命を狂わせ、塗炭の苦しみに追いやる対英米蘭蒋戦争を「十分、念には念を入れてご納得のいくようにあそばされ」、「自分の考えと」して、満足して「聖断」したのである。

国家政策としての歴史偽造

高松宮と親しかった初代国連大使・加瀬俊一によると、宮は一九八七年当時、癌で闘病中だったが、加瀬に「『開戦は避けえたはずなのだ』と語った(注62)」という。大元帥にして統治権の総覧者たる昭和天皇に、断固たる開戦忌避の意志があれば、当然、「開戦は避けえたはず」だった。

育鵬社教科書①に書いているように、そして、現在もマスメディアがこぞって宣伝、拡散に努めているように「自分の考えと異なる政府の決定であっても、天皇はこれを認めることが原則」であったために、いやいやながら開戦の決定をしたのでは全くない。そんな「原則」は帝国憲法のどこにもない。

第一、大本営政府連絡会議「宣戦に関する事務手続に付て」が書いているように、閣議(政府)が決定したのは「議題案」だけだった。大本営が軍令(大元帥天皇の直接軍事命令)として存在している以上、輔弼の臣が天皇大権である「開戦の決定」などできるわけがない。天皇こそが「御前会議に於て戦争開始の国家意思を決定」したのであって、東条内閣が開戦を決定したのではない。

この点で育鵬社教科書は本文において「東条内閣は……開戦を決断しました」(二一四頁)などと、全くとんでもない真っ赤なウソを書いている。天皇は「開戦を決断しました」から、輔弼の臣たちである東条内閣は、天皇の意志に従って開戦を実行したのである。

こんな歴史事実に反する真っ赤なウソが文科省検定に合格するのは、敗戦後七十年間、日本政府が推奨してきた「国家政策としての歴史偽造」の製造がいまだに現在進行形だからである。

13　天皇は九月六日御前会議の理由を語っていた

機嫌よく裁可

十二月一日、第八回御前会議において、天皇の納得の上の「聖断」により「対英米蘭開戦の件」が決定した。「十一月五日決定の『帝国国策遂行要領』に基く対米交渉は遂に成立するに至らず帝国政府は米英蘭に対し開戦す。」開戦もそうであり、後述するように、近衛や高松宮らが和平を早く進めるよう進言したにも関わらず、拒否して戦争を継続したのも、ソ連参戦でやっと降伏を決定したのも、全て大元帥天皇の「聖断」だった。

東条首相が「一度　開戦と御決意　相成りますれば　私共一同は今後一層　報効（ママ）の誠を致し（中略）飽く迄も全力を傾倒して　速に戦争目的を完遂し、誓って　聖慮を安んじ奉らんことを期する次第であります」と述べた。それに対し「本日の会議に於て、オ上は説明に対し、一々頷かれ　何等　御不安の御様子を拝せず、御気色《みけしき》麗しきやに拝し　恐懼感激の至りなり」だった。

御前会議終了後、天皇は南方動員の上奏を直ちに裁可した。大元帥として「オ上　此様になることは已むを得ぬことだ　どうか陸海軍はよく協力してやれ」といい、杉山参謀総長は「誠に有難い御言葉を拝し感激に堪えませぬ、両総長は幕僚長として死力を尽くして将兵を指導し聖慮を安んじ奉ります」と奉答。杉山は「竜顔、いと麗しく奉れり（注63）」とコメントしている。

敗戦後の言い訳

敗戦後、天皇は戦争犯罪者となることを免れるために、次のように言い訳をした。

「(※十一月)三十日、高松宮が昨日の様子をききに来た、そして『今この機会を失すると、戦争は到底抑えきれぬ、十二月一日から海軍は戦闘展開をするが、已《すで》にそうなったら抑えることはできない』との意見を述べた。戦争の見通しについても話し合ったが、宮の言葉に依ると統帥部の豫想は五分五分の無勝負か、うまく行っても、六分四分で辛うじて勝てるといふ所ださうである。私は敗けはせぬかと思ふと述べた。宮(高松宮)は、それなら今止めてはどうかと云ふから、私は立憲国の君主としては、政府と統帥部との一致した意見は認めなければならぬ、若し認めなければ、東条は辞職し、大きな『クーデター』が起り、却《かえっ》て滅茶苦茶な戦争論が支配的になるであろうと思ひ、戦争を止める事に付ては、返事をしなかった。十二月一日に、閣僚と統帥部との合同の御前会議が開かれ、戦争に決定した、その時は反対しても無駄だと思ったから、一言も云はなかった」(注64)

当時、戦争に反対する人々は、皆、牢獄にいた。忠臣東条はよく陸軍を掌握しており、全く「クーデター」が起り得る可能性はなかった。海軍はもちろんである。「十二月一日に、閣僚と統帥部との合同の御前会議が開かれ、戦争に決定した」のではなく、歴史事実は十二月一日に、閣僚と統帥部との合同の御前会議が開かれ」昭和天皇が戦争を決定した、のである。実際上は、その前日に天皇が「予定の通り進めるよう、東条に伝えよ」と、木戸に指示した時に決定していた。その日の、高松宮による「対米開戦をするべきではない」という進言を天皇は退けた。その言い訳のために、真っ赤なウソを昭和天皇は述べているのである。

御気色麗しく開戦を決断

実は小倉侍従は、開戦一年後の一九四二年十二月十一日、次のように、天皇の言葉を記録していた。

「大東亜戦争の初《ママ》る前は心配であった。近衛のときには何も準備が出来ていないのに戦争に持って行きそうで心配した。東条になってから、十分準備が出来た。然し、十二月八日前に輸送船団が敵に発見されたと云うことで駄目かと思ったが良かった。支那事変で、上海で引っかかったときは心配した。(中略)自分は兵力を増強することを云った。戦争はやる迄《ママ》は深重に、始めたら徹底してやらねばならぬ、又、行わざるをえぬと云うことを確信した」(注65)

九月六日の御前会議で、天皇が明治天皇の「平和を願う歌」というものを読み上げたのは、天皇が「平和主義者」だったからではなく「近衛のときには何も準備が出来ていないのに戦争に持って行きそうで心配した」というのが理由だった。天皇自身が誰に問われもしないのに、そう侍従に語っていたのである。「東条内閣が開戦を決定したので、内心反対だったが仕方なかった」などとは一言も語っていない。「戦争はやる迄は深重に」しなければならないというのが天皇の考えだった。「平和主義者」のように「戦争は、してはならない」などと大元帥昭和天皇は考えたことはなかったのである。したがって「東条になってから、十分準備が出来た」から「何等御不安の御様子を拝せず、御気色麗し」く、天皇自身の判断で開戦を決断したのだった。天皇が、もし、本当に「平和主義者」だったら、十月の時点で開戦反対の東久邇宮を首相に選び、対英米戦争を避ける、という意志を全国民に知らしめただろう。しかし、彼はそうはしなかった。そして、東条らが慎重に対英米戦を再検討し考究した結果、やはり、対英米戦をするしかない、という結論を出した時、昭和天皇は、納得して自分の意志で戦争を選んだ。

育鵬社教科書①が書いているように、また、政府とマスメディアの洗脳によって日本国民の大部分が信じ込んでいるように、対英米開戦決定は「自分の考えと異なる政府の決定であっても、天皇はこれを認めることが原則となっていました」から、いやいやながら、天皇が決定した、というものでは全くない。これは事実経過を見れば、火を見るよりも明らかだ。そもそも、そういう原則を示す条文自体が大日本帝国憲法には存在はしていない。

大日本帝国憲法第五十五条は「国務各大臣は天皇を補弼し其の責に任す」となっている。国務大臣は主権者である天皇が決定したことを輔弼＝補佐するのが任務である。「補佐する大臣が決定し、天皇は追認するだけである」などと当時主張すれば、「非国民」として命の保障はなかっただろう。

14　天皇は開戦に満足していた

攻撃三十分前に通告

翌十二月二日、陸海軍総長は列立して上奏した。

そして、「十二月八日　午前零時以後　米英蘭に対し武力発動のこと」が正式に裁可され、連合艦隊は十七時三十分打電した。「新高山登レ　一二〇八」(注66)。

五日、陸海軍次長が、前日、外務大臣に対米最後通告を最初予定していた「攻撃一時間前」を

改めて「三十分前」に変更を申し入れた。「当時　外務大臣はハワイ奇襲計画のあることを知らなかった。」(注67)

六日、大本営政府連絡会議は、「対米最後通牒交付の時期に就て　七日午前四時（日本時間）発信し八日午前三時（日本時間）大統領に交付することとす」(注68)と決定した。つまり、八日（日本時間）の午前三時三十分に真珠湾攻撃を開始する、その三十分前に対米最後通告――といっても本当は「交渉打ち切り」通告に過ぎなかった――をすることに決定したのである。三十分前だと、攻撃があると分かっても迎撃準備は間に合わない。いよいよ、八日（日本時間）。

午前　二：一五　陸軍、マレー半島コタバルに上陸開始(注69)
　　　三：一九　海軍機動部隊、真珠湾空爆開始(注70)
　　　四：〇〇　陸軍、香港攻撃開始命令(注71)
　　　四：一二　陸軍、タイ領シンゴラ上陸(注72)

その後、各地でタイ軍と交戦（＝日泰友好条約違反）(注73)

タイ首相が、日本軍の圧力で部隊の通過を承認したのは十二時三十分であった。

　　　四：二〇　野村吉三郎・特命全権大使が、対米最終覚書をハル国務長官に手交した。(注74)
　　　六：〇〇　NHKラジオが第一回の大本営発表を報道した。

「臨時ニュースを申し上げます……臨時ニュースを申し上げます。帝国陸海軍は本八日未明西太平洋において米英軍と戦闘状態に入れり」(注75)

　　　七：〇〇　臨時閣議、対英米戦、宣戦布告の件を可決。

八：三〇ごろグアム島攻撃、フィリピン攻撃（注76）

一一：四〇　昭和天皇による宣戦の詔書（米英両国ニ対スル宣戦ノ詔書）発表

「中国のせいで対英米戦に」と

「天佑を保有し　萬世一系の皇祚《こうそ》を踐《ふ》める大日本帝國天皇は　昭《あきらか》に忠誠勇武なる汝有衆《ゆうしゅう》に示す

朕茲《ここ》に　米國及英國に対して戰を宣す　朕が陸海將兵は　全力を奮て交戰に從事し　朕が百僚有司《ひゃくりょうゆうし》は勵精《れいせい》職務を奉行《ほうこう》し　朕が衆庶《しゅうしょ》は　各々其の本分を盡し　億兆一心國家の總力を擧げて征戰の目的を達成するに遺算《いさん》なからんことを期せよ（中略）

今や不幸にして米英両國と釁端《きんたん》を開くに至る　洵《まこと》に已むを得ざるものあり　豈《あに》朕が志ならんや中華民國政府　曩《さき》に帝國の眞意を解せず　濫《みだり》に事を構へて　東亞の平和を攪亂し　遂に帝國をして干戈《かんか》を執るに至らしめ　茲《ここ》に四年有餘を經たり（中略）

朕は政府をして　事態を平和の裡に囘復せしめんとし　隠忍久《いくにん》しきに彌《わた》りたるも　彼は毫も交讓の精神なく　徒《いたずら》に時局の解決を遷延せしめて　此の間　却って益々《ますます》　經濟上軍事上の脅威を増大し以て我を屈從せしめんとす　斯《かく》の如くにして　推移せんか　東亞安定に關《けみ》する　帝國積年の努力は悉《ことごと》く水疱に帰し　帝國の存立　亦《また》　正に危殆《きたい》に瀕せり　事既に此に至る　帝國は今や自存自衛の爲　蹶然《けつぜん》起って　一切の障礙《しょうがい》を破碎するの外なきなり（注77）（後略）」

昭和天皇の宣戦の詔勅は、「朕が陸海將兵」「朕が百僚有司」「朕が衆庶」に、つまり日本人全員に戦争しろと命じた。それは、「朕が志」ではないけれども、中華民国政府が、満州事変に始まる日本の中国への武力侵略に対しておとなしく服従せずに抵抗して「濫に事を構へ」た結果、「東亜の平和を攪亂」したので、やむを得ず、日本軍が武力を使わざるを得なくなって「干戈を執るに至らしめ」られた（中国を英米が支援して日本を圧迫したため、英米とも戦争することになった）のだから、「自衛」のためであると、全く原因と結果を逆転させたものであった。日本によって侵略されても、中国が抵抗しなければ、昭和天皇のいう「平和」になったはず、なのである。天皇はこういう「平和主義者」だった。

同日の『木戸日記』には次のように記載されている。「聖上の御態度は誠に自若にして、いささかのご動揺を拝せざりしは、真にありがたききわみなり。（注78）」

敗戦後は昭和天皇自身が「私は日米戦争は避けたかったが遺憾なことに戦争になった」と、ことあるごとに言い、育鵬社教科書や一般マスメディアは「天皇は開戦で、とても心を痛めていた」と描き出すが、リアルタイムの記録が描き出す「聖上の御態度」の真姿は、それとは真逆である。

15　敗戦後の昭和天皇の「開戦時」に関する発言を確認しよう

★一九四六年三月～四月、「若しあの時、私が主戦論を抑えたらば、クーデタが起こったであろう。（注79）」

★一九五一年二月十日、アメリカのダレス講和特使に語る。（朝日新聞一九七八年四月三十日付）「開戦を妨げる力を持たなかったことは遺憾である。だが、あの状況の下では、できることはほとんどなかった。」

★一九六九年九月八日、「(※開戦時から戦争を) いつやめるか、いつやめるかと、やめる時期を考えていました。[注80]」

★一九七一年十一月十六日、外国人記者団に語る。「私は明治天皇のご遺志に従って立憲君主として行動してきています。私は(戦時中も)そのように行動したし、その他の時もそうです。私は実際、私の役割について多くの論評を耳にしているが、私が本当に知らなかったことも多い。[注81]」

★一九七五年九月二十日、ニューズウィーク記者に語る。「開戦時は閣議決定があり、私はその決定を覆すことはできなかった。私は、これは帝国憲法の条項に合致すると信じています。[注82]」

★一九七五年九月二十二日　外国人特派員の質問&回答。

記者「真珠湾攻撃開始のどのくらい前に、陛下は攻撃計画をお知りになりましたか。そして、その計画を承認なさいましたか」

天皇「私は、軍事作戦に関する計画を事前に受けていたことは事実です。しかし、私はそれらの報告を、軍司令部が細部まで決定したあとに受けていただけなのです。政治的性格の問題や軍司令部に関する問題については、私は憲法の規定に従って行動したと信じています[注83]」

昭和天皇は死ぬまで、真っ赤なウソを吐き続けた人であった。

第2章　開戦後の天皇

1　天皇は緒戦の勝利に舞い上がった

「南洋の島々は日本の領土」

一九四一年十二月二十五日、香港が降伏した時、天皇は小倉侍従に語っている。「香港、本夕降伏を申出で、七・三〇停戦を命ぜらる。陸軍九・四〇上聞す。常侍官出御の際、平和克復後は南洋を見たし、日本の領土となる処なれば支障なからむ、など仰せありたり。(注84)」

この解説を書いている「昭和史研究家・作家」の肩書を持つ半藤一利は、「昭和天皇は平和主義者だったので、日米開戦は反対だったが、『自分の考えと異なる政府の決定であっても、天皇はこれを認めることが原則』だった」などという真っ赤なウソを信用している一人らしく、次のようなコメントを書いている。

「おどろきの発言である。天皇は南洋の島々を、平和回復後に『日本の領土となる』といっている。この時点では勝利を確信していたのか」と。

しかし、いろいろな一級史料＝リアルタイムの日記類を見れば明らかなように、「平和主義者」などではなかった昭和天皇は領土拡大・勢力圏拡大の侵略戦争を是としていたのであり、マレー・真珠湾奇襲作戦も詳細な計画を知った上で十分納得し、勝利を確信して作戦計画実行を裁可していたのであるから、これを「おどろきの発言」という方が「おどろき」なのである。

翌一九四二年二月十二日、天皇は東条首相に指示を出している。「戦争の終結につきては（中略）相手のあることでもあり、今後の英米の出方にもよるべく、又　独ソの間の今後の推移を見極めるの要もあるべく、かつ又　南方の資源獲得処理についても　中途にして　能《よ》く其の成果を挙げ得ないようでも困るが、それ等を充分考慮して遺漏のない対策を講ずる様にせよ。[注85]」

敗戦後の一九六九年九月八日、天皇は「開戦の時から、（※戦争を）いつやめるか、いつやめるかと、やめる時期をいつも考えていました[注86]」と語っている。しかし、このリアルタイムの東条首相に対する指示を見ると、その時期は「今後の英米の出方にもよるべく、又　独ソの間の今後の推移を見極めるの要もあるべく」「それ等を充分考慮して遺漏のない対策を講ずる様に」ということなのだから、これでは、いつまでたっても「やめる時期を」決めることなどできない。その結果、ずるずると、「やめる時期」は延ばされ、原爆投下、ソ連参戦を招いたのだった。

また、「南方の資源獲得処理についても　中途にして　能く其の成果を挙げ得ないようでも困る」という発言は、この戦争が「南方の資源獲得」すなわち、武力（暴力）で他国の資源（財産）を強奪するための侵略戦争であることを、天皇はよく認識していた、ということを示している。

同年二月十五日には、日本軍はシンガポールを占領し英軍は降伏した。蒋介石を支援し抗日活動をしていたとして日本側記録でも華僑五～六千人が虐殺されている。

「陛下にはシンガポールの陥落を聴し召され　天機殊の外麗しく、次々に赫々たる戦果の挙がるについても、木戸には度々云う様だけれど、全く　最初に慎重に充分研究したからだとつくづく思

う　との仰せり《ママ》　真に感泣す（注87）」
日本軍は、三月八日にはビルマのラングーン（ヤンゴン）を占領し、バンドンのオランダ軍も降伏した。翌日はインドネシア占領が完了する。側近の木戸は記録する。「竜顔　殊の外　麗しくにこにことあそばされ『余り戦果が早く挙り過ぎるよ』との仰せあり。（中略）真に御満悦の御様子を拝し、感激の余り　頓《とみ》には慶祝の言葉も出ざりき。（注88）」

2　軍は国民も天皇も欺《だま》していたか

大元帥陛下は欺されていなかった

しかし、日本軍の大勝利、大戦果も半年間だけだった。開戦から半年後の六月五日には、ミッドウェー海戦で日本軍は、主力空母四隻撃沈、戦闘機二八五機撃墜、三〇五七人戦死という大敗北を喫した。八日、天皇は大元帥として、永野軍令部総長に命令する。「之により士気の阻喪を来たさざる様に注意せよ。尚、今後の作戦、消極退嬰とならざる様に注意せよ。（注89）」

前記した『小倉日記』の注で半藤一利は「わたくしが調べたところでは、軍令部は損害は空母二隻と天皇に嘘の報告をしていることがわかった。軍は国民を欺すとともに、大元帥陛下をも欺していたのである」と書いている。しかし、木戸は書いている。「大本営の発表は兎も角、統帥部としては　戦況は　たとえ最悪なものでも　包まず　又　遅滞なく天皇には御報告申上げて居ったので、ミッドウェイ海戦に於て　我方が　航空母艦四隻を失ったことも　統帥部は直ちに　之を上奏

した。」（注90）

また、歴史学者の山田朗は「防衛庁防衛研究所図書館に所蔵されている参謀本部第二課『上奏関係書類綴』全九巻（十一冊）」という膨大な（注91）」史料をもとに調査し、以下のように結論している。「戦果報告は一般に過大評価されたものが多いが損害についてはほぼ正確な報告がなされている。とくに輸送船の損害状況（中略）空襲状況は（中略）詳細をきわめている。」（注92）

「軍は国民を欺」した、というのは事実であるが、「大元帥陛下をも欺していたのである」という事実は全くない。半藤はどのように「調べた」ということをなさったのだろうか。しかし、「軍部は国民を欺すとともに大元帥陛下をも欺していた」と事実でないことを信じ込み、現在でも欺され続けているのは半藤だけではない。なぜなら、敗戦後七十年間、メディアは間断なく現在までずっと、そういう真っ赤な嘘情報を流し続けているのだから。日本国民の大部分が嘘を本当のことと信じていてもしかたがないかもしれない。

ちなみに、昭和天皇の弟で海軍参謀だった高松宮は、ミッドウェー海戦直後に次のように天皇に手紙を書いた、という。「海軍は基幹兵力を失い、戦争を続けても無益だから速やかに終戦をはかるべきだ」「兄君へ」（注93）と。

ミッドウェー海戦以後、日本軍はじりじりと押されていく。一九四二年八月七日、米軍はガダルカナル島に上陸した。十月二十九日、天皇は永野軍令部総長に命令する。「ガダルカナルは彼我両軍　争いの地でもあり、又　海軍としても重要なる基地につき、速やかにこれが奪回に努力するように。」（注94）

この命令のため、日本軍は十二月末撤退までに死者三万一千人、それも大部分は餓死・マラリア死という惨状を呈した。昭和天皇は、どこで、虚しく餓死していく、あるいは海の藻屑と消えていく「国民とともに歩んでいた」「苦をともにしていた」のか。

3　天皇は焦って軍に決戦を要求した

御笑話と領土拡大

一九四二年十二月二十八日、天皇は統帥部に要求する。「参謀総長は明後三十日、退くか否かにつき上奏すると申していたが、そんな上奏だけでは満足できない。いかにして敵を屈服させるかの方途如何が知りたい点である。ついてはこの問題は大本営会議を開くべきであると考える。このためには年末も年始もない。自分はいつでも出席するつもりである。(注95)」

この大元帥天皇の要求によって一月四日に予定されていた大本営御前会議が大晦日の十二月三十一日に開かれ、やっとガダルカナル島撤退が決定した。

翌一九四三年二月二十六日、小倉侍従は次のように記録している。「葉山御用邸の潮見の御茶屋付近に、高射砲陣地を造る申出、軍よりあり。思召を伺い、他の地を研究する様　伝う。その折、(※天皇から)之は大きな声では言えぬが、葉山の御用邸は爆弾で焼けてしまえば、又　新しく作れるから、その方が良いかもしれぬ　との御笑話ありたり。(注96)」

何万という将兵が遥か南海の島のジャングルで餓死し、海の藻屑と消えていくさなかの「御笑話」

であった。そして、四月一日から堅固な防空宮殿である「吹上御文庫、工事完了につき、本日より両陛下、吹上に御起居御遊るることとなれり（注97）」と。

五月十二日、米軍はアッツ島に上陸し、二十九日、アッツ島守備隊は全滅した。その二日後、第十回御前会議は「大東亜政略指導大綱」を決定した。

「第一　方針
一　帝国は大東亜戦争完遂の為　帝国を中核とする大東亜の諸国家民族結集の政略態勢を更に整備強化し　以て戦争指導の主導性を堅持し　世界情勢の変転に対処す　政略態勢の整備強化は遅くも本年十一月頃迄に　達成するを目途とす
二　政略態勢の整備は帝国に対する諸国家民族の戦争協力強化を主眼とし特に支那問題の解決に資す
（中略）
六　其他の占領地域に対する方策を左の通　定む　但し（ロ）（ニ）以外は当分発表せず
（イ）「マライ」、「スマトラ」、「ジャワ」、「ボルネオ」、「セレベス」は帝国領土と決定し重要資源の供給源として　極力之が開発並に民心の把握に努む
（ロ）前号各地域に於ては原住民の民度に応じ　努めて政治に参与せしむ
（ハ）ニューギニア等（イ）以外の地域の処理に関しては前二号に準じ　追て定む
（ニ）前記各地に於ては　当分　軍政を継続す
七　大東亜会議

以上各方策の具現に伴い本年十月下旬頃（比島独立後）大東亜各国の指導者を東京に参集せしめ牢固たる戦争完遂の決意と大東亜共栄圏の確立とを中外に宣明す（注98）」

決戦要求と領土へのこだわり

一九四二年六月六、七日、天皇は参謀総長、軍令部総長に「下問」と称される命令を出す。

「こんな戦をしては『ガダルカナル』同様　敵の士気を昂げ　中立、第三国は動揺し　支那は調子に乗り　大東亜圏内の諸国に及ぼす影響は甚大である。何とかして何処かの正面で米軍を叩きつけることは出来ぬか（注99）」

ここの解説によれば、「（※杉山は）特にこの第四点を重視し、この一方法として支那に進出した米空軍に鉄槌を加える方法はないか、陸海軍の統一指揮により実現方法を命ぜられた。」

八月五日、天皇はさらに下問した。

「御上　何れの方面も良くない　米軍をピシャリと叩く事は出来ないのか

総長（略……筆者注：言い訳をしている）

御上　それはそうとしてそうぢりぢり押されては敵だけではない　第三国に与える影響も大きい　一体何処でしっかりやるのか　何処で決戦をやるのか　今迄の様にぢりぢり押されることを繰り返していることは出来ないのではないか（注100）」

解説によれば「これが絶対国防圏の設定へと発展したのである。」

三日後、さらに天皇は下問する。

「御上　局地的には克く戦闘をやっているがどこかで攻勢をとることは出来ぬか
（中略）

御上　何とか叩けないかね（注101）」

この天皇の命令により、九月三十日には第十一回御前会議が開かれ「今後採るべき戦争指導の大綱」ほかを決定する。

翌一九四四（昭和十九）年一月三十一日の『高松宮日記』には以下のような記載がある。「総長上奏のとき、お上より『マーシャル』は日本の領土なれば　之をとられて　ほっておくことは　如何と　お叱りありしとのこと。（注102）」

マーシャルは実質は日本の植民地だが、法的には国際連盟からの委任統治領である。しかし、天皇の領土へのこだわりがよく分かる。

4　支配層の一部は一九四四年から「終戦」を考えたが天皇は考えなかった

マリアナ沖海戦の最中「蛍御鑑賞」

一九四四年になると、支配層の間でも早期終戦が語られるようになる。四月十二日、近衛は東久邇宮に語った。「せっかく東条がヒットラーとともに世界の憎まれ者になっているのだから、彼に全責任を負わしめる方がよいと思う。米国は……個人の責任すなわち陛下の責任を云々するかも知れぬが……東条に全責任を押し付ければ幾分なりとその方を緩和することが出来るかも知れない。

それが途中で二三人交代すれば誰が責任者であるかがはっきりしないことになる。(注103)」

つまり、敗戦は必至なので、東条に責任をすべて押し付け、天皇の戦争責任を薄めてしまおう、という作戦である。

六月十五日には、米軍はサイパン島に上陸した。十八日、天皇は東条に命令する。「万一サイパンを失うようなことになれば東京空襲もしばしばあることになるから、ぜひとも確保しなければならぬ。(注104)」この一連の命令により、十九、二十日にはマリアナ沖海戦を行って日本海軍は大敗北し、連合艦隊は事実上、消滅した。

二十二日付で小倉侍従は書いている。「(※天皇は)観瀑亭前、花蔭亭付近、蛍御鑑賞。蛍盛んに飛び交い　御満足にあらせられ、側近者等も召して拝見せしめらる。(注105)」

南海で兵たちが虚しく餓死し、海の藻屑と化し、子ども、女性、老人たちまで血で血を洗う惨劇に巻き込まれ、無残にも水漬《みづ》く屍《かばね》、草生す屍になっている頃、常に「たふれゆく民」を思い「国民とともに歩んだ」「国民と苦楽をともにした」はずの天皇は、優雅に「蛍御鑑賞」し、「御満足にあらせられ、側近者等も召して拝見せしめ」、側近たちを喜ばせていたのである。

実は『高松宮日記』によれば、この日の側近たちとの「蛍御鑑賞」の前に、高松宮はサイパンを死守するか、戦争を終結するかと提言したが、昭和天皇は耳を貸さず、激しい口論になっている。

「サイパンを失うことの重大に関し　一言申しあぐ。あと　つけ足りに皇族をどうしてご相談相手になさるおぼしめしなきや、伺いしところ(※昭和天皇は言った)『政治には責任あったから出来ぬ』(※高松宮がいう)『(※軍隊)統率の方も責任あるべし』結局　お頼りになる者なしとのことでしょうか。（※昭和天皇は言った）『それは語弊あり』云々　相変わらずにて落胆す（注106）」

二日後の一九四四年六月二十四日、サイパンの放棄を大本営が上奏したが、天皇は裁可せず、二十五日に元帥会議を開き意見を求めた。結論はサイパンの放棄だったが、この時点でも和平を考えず、戦争継続の軍部を抑えない昭和天皇と高松宮の間で激論が交わされた。

死守するのは……

この元帥会議の内容は次のようなものだった。伏見宮博恭王が「陸海軍とも、なにか特殊な兵器を考え、これを用いて戦争をしなければならない。戦局がこのように困難となった以上、航空機、軍艦、小舟艇とも特殊なものを考案し迅速に使用するを要する」と発言、東条は「風船爆弾を考案「対戦車艇身爆雷その他二、三の新兵器を研究中」、嶋田海軍軍令部総長も「新兵器（※）を二、三考究中」（※戦史叢書編集者注、『回天、震洋』等の特攻兵器を指すものと推定する。（注107））……「特攻」という自爆攻撃計画が本格的になってくる。

七月七日、絶対国防圏の要、それを失えばもう勝機はない、というところのサイパンが陥落し、非戦闘員の約一万人を道連れに、日本軍守備隊四万三千人が全滅した。これによってB29による日本直接攻撃が可能になった。同日、閣議で「かねてから調査されていた長野松代への皇居、大本営、その他重要政府機関の移転のための施設工事が了承された。」（ウィキペディア）

この頃、天皇もついに東条を見放したため、十八日、東条内閣は総辞職し、二十二日、小磯国昭内閣が成立した。翌二十三日、杉山元陸軍大臣は松代大本営の建設命令を出す。（注108）

二十六日、天皇は木戸に語った。

「拝謁の際、昨日　小磯首相より（※松代への）御移動に関し　言上したる趣にて、右に関し、自分が帝都を離るる時は臣民　殊に都民に対し不安の念を起こさしめ、敗戦感を懐かしむるの虞《おそれ》ある故（中略）出来る限り　万不已得止《やむをえざる》場合に限り（中略）時期尚早に実行することは決して好まざるところなり　との御話あり。尚、戦争の推移によりては一部には　或は大陸に御移動等を考うるものあらんも、飽迄《あくまで》、皇太神宮のある此の神州にありて死守せざるべからず　との御考え　御示しあり（注109）」

天皇が「死守せざるべからず」と考えていたのは国民の命、国民の幸福ではなかったことは明らかである。

5　天皇は近衛の早期降伏論も拒否した

もう一度戦果をあげてからでないと……

敗戦の年、一九四五年の幕開けは一月九日の米軍のルソン島上陸で始まった。十九日、天皇は「帝國陸海軍作戦計画大綱」（本土決戦計画）を裁可する。二月四日〜十一日まで、連合国がソ連でヤルタ会談を開いた。十四日、近衛は今は有名な天皇への上奏をした。当時は、もちろん極秘である。

「敗戦は遺憾ながら　最早　必至なりと存候、以下　此の前提の下に申述候。（中略）敗戦は我が国体の瑕瑾《かきん》たるべきも　英米の世論は今日までの所　国体の変革とまでは進み居らず（勿論一部には過激論あり、又　将来如何に変化するやは　測知し難し）随《したがっ》て　敗戦だけならば国体上は　さまで憂うる要なしと存候、国体護持の建前より　最も憂うるべきは敗戦よりも　敗戦に伴うて起ることあるべき共産革命に御座候」（注110）

もし、この時、重臣近衛の進言を入れて昭和天皇が降伏することに同意していたら、どれだけ多くの日本国民——だけでなく、連合国将兵、アジア諸国民——の命が救われていたことか……。しかし、天皇は「もう一度戦果を挙げてからでないと中々話は難しい」と、この進言を拒否した。近衛は「陛下は……梅津（※参謀総長）及び海軍は　今度は台湾に敵を誘導し得れば（※米軍）をたたき得ると言っているし、その上で外交手段に訴えてもいいと思うと仰せありたり」（注111）と言っている。

近衛とともに終戦工作をした高木惣吉海軍少将は、近衛から聞いた話として「その時　陛下は『未だ見込みがあるのだ』との御言葉であった。一度叩いてから、終結するということに御期待がある」（注112）ということなのである。

藤田尚徳の『侍従長の回想』によると、この時、次のような会話もあったようだ。

陛下「もう一度、戦果をあげてからでないとなかなか話は難しいと思う」

近衛「そういう戦果があがれば、誠に結構と思われますが、そういう時期がございましょうか。それも近い将来でなくてはならず、半年、一年先では役に立たぬでございましょう」（注113）

6　天皇は東京大空襲を受けても降伏を考えなかった

空襲被害者が天皇に謝罪

一九四五年三月一日、硫黄島の日本軍が全滅した。十日、東京大空襲により、約十万人が生きながら焼き殺された。「第一弾は零時八分、深川区木場二丁目に落ち――真紅の火炎帯は、わずか半時間たらずのうちに下町全体に波及することになる――第一弾の投下より七分遅れた零時十五分、ようやく空襲警報が鳴った。この七分差は東京都民にとっては決定的な時間になったといえよう。(注114)」

空襲の焼け跡を視察する天皇（1945年3月19日付朝日新聞）

この「空襲警報の遅れ」について、当時の東部軍司令部民防空担当参謀付・陸軍中尉は、こう証言している。「私は参謀に空襲警報を発令すべきだと進言したが、参謀は許可をしなかった。参謀としては、状況がはっきりとしないうちに、しかも深夜、空襲警報を発令すれば、天皇は地下の防空壕へ避難しなければならないことになる……という配慮があったのだろうと思う。(注115)」

原爆を除けば、最大の犠牲者を生んだ、この空襲の六日後の十六日、天皇側近によって終戦のシナリオ作りが始まっている。「次期作戦は一応A（※陸軍）にやらせ、戦争一本で進んである限度にきた時ＨＭ（※天皇）、表面に出られて転換を命ぜられAが引っ込む、こういう方式はどうか。」「次のＨＭの出方は、世界平和の提唱、堂々たるべきこと、責任は木戸一人にて取る。(注116)」

十八日、天皇は焼け跡を視察した。翌日の朝刊は、デカデカと一面でこれを報じた(前頁)。朝日新聞の見出しは「畏《かしこ》し天皇陛下　被災地を御巡幸」「焦土に立たせ給い　御仁慈の大御心　一億滅敵の誓新た」、記事には「今はただ　伏して不忠を詫び奉り、立っては醜《しこ》の御盾《みたて》となり、皇国三千年の歴史を護り抜かんことを誓うのみである。ああ　しかもこの不忠の民を不忠とも思召されず、民草哀れと思召し給う大御心の畏さよ」(天皇視察同行記)とある。

偶然、この場に居合わせた作家の堀田善衛は書いている。

「私は本当におどろいてしまった。私はピカピカ光る(※天皇の)小豆色の自動車と、ピカピカ光る長靴とをちらちらと眺めながら、こういうことになった責任を、いったいどうしてとるものなんだろう、と考えていたのである。こいつらのぜーんぶを海の中へ放り込む方法はないものか、と考えていた。ところが責任は、原因を作った方にはなくて、結果を、つまりは焼かれてしまい、身内の多くを殺されてしまった者の方にあることになる! そんな法外なことがどこにある! こういう奇怪な逆転がどうして起こり得るのか!(注117)」

天皇が本心から納得した上に出された開戦命令で始められた戦争の被害者が、被害の原因を作った天皇に、ひれ伏して「詫び奉り」という態度を取った。民草は草の一種(?)だから、踏みにじられても刈られても文句は言わない。日本人「民草」は、あくまでも従順であった。

しかし、国民十万人の(在日朝鮮人が一割含まれている、という)未曾有の死者を出した東京大空襲に対して「民草哀れと思召し給う」たはずの天皇は、それでもなお、降伏=終戦を考えてはくれなかった。

新聞には出なかったが、侍従長に対して発した天皇の感想は以下であった。

「今度の場合は（※関東大震災に比べ）、はるかに無残な感じだ。コンクリートの残骸などが残っているし、一段と胸が痛む。悲惨だね。侍従長！　これで東京も　とうとう焦土になったね（注118）」

天皇バンザイ教カルト信者

当時の藤田尚徳侍従長によると、この時のことが以下のように描かれる。

「戦争の惨状をつぶさにご覧になって、国民の不安と苦しみが、陛下の御心をうった。自然をそのままに感じとられる陛下は、それだけに直感力にすぐれ、その理解の正確さは驚くほどだったが、この日も戦争終結の必要を感じとられたのであったろう。沈痛な面持ちで宮城に帰還された。四月に入ると米軍は沖縄に上陸、いよいよ本土決戦も迫ってきた（注119）」

私は、こういう人を天皇バンザイ教カルト信者と呼ぶ。「自然をそのままに感じとられる陛下」「それだけに直感力にすぐれ、その理解の正確さは驚くほど」「この日も戦争終結の必要を感じとられたのであったろう」とまで讃えられる人が「ここまでくれば、即座に降伏して、たふれゆく民を救わねばならない」と、全く考えもしなかったのは、なぜだろうかと、瞬時も考えることができないのである。天皇バンザイ教カルト信者の人々は、矛盾などものともしないで、ひたすら昭和天皇美談を製造し続ける。

沖縄方面でも断乎やれ！

前記した高木海軍少将は三月二十一日付で書いている。

「陛下は、梅津が奏上して米国は国体の変革を目指しているから、徹底的に戦わねばならぬと言って居たが、近衛はどう思うかとの御言葉であったから、近衛は左様には信じませぬ、と申上げた」[注120]

四月一日、米軍は沖縄に上陸した。現地軍は持久戦を決めていたが、天皇の「現地軍はなぜ攻勢に出ぬか」[注121]という下問（命令）により、中途半端な攻勢を繰り返し、無用な消耗を繰り返した。そうして、沖縄県民は戦闘に巻き込まれ、あるいは戦闘に参加することを強要され、あるいは日本軍の強要による集団死によって、兵よりも多くの死者が出た。五日、小磯内閣は総辞職し、鈴木貫太郎内閣が成立した。

宇垣纏《まとめ》海軍中将は、七日付日記に「水上特攻隊は目的地に達する事なく茲《ここ》に悲惨なる全滅となれり。（中略）軍艦大和は　遂に西海の藻屑となり終ぬ《ママ》。（中略）何等　得る処無き無謀の挙と云わずして何ぞや。（中略）抑々《そもそも》　茲に至れる主因は　軍令部総長　奏上の際　航空部隊丈《だけ》の総攻撃なるや　の御下問に対し　海軍の全兵力使用致すと　奉答せるに在りと伝う」[注122]と、天皇の「御下問」という命令を批判している。……本人にその自覚があったかどうかは分からないが。

同書十八日付には天皇の言葉が載っている。「昨日　戦況奏上の際　侍従武官に対し左の御言葉ありたりと云う。『海軍は沖縄方面の敵に対して非常によくやっている。而し　敵は物量を以て粘り強くやつて居るから　こちらも断乎やらなくてはならぬ』[注123]」と。……昭和天皇は、それがどれだけの国民や他国の人々を「たふれ」させ、惨死に追いやるものであろうとも、前記『小倉侍従日記』

にあったように「戦争はやる迄は深重に、始めたら徹底してやらねばならぬ」という考えの持ち主であって、常に平和を追求する「平和主義者」では全くなかった。

一九四五年四月二十六日、ラジオ放送で鈴木貫太郎首相は沖縄県民に呼びかけた。

「沖縄にある全軍官民諸君、……一億国民共に一致団結し、もって　この大戦を戦い抜き、米英の野望を粉砕し、……不肖私自らも一億全国民の先頭にたって戦争一本の旗印のもとに総突撃を敢行し、……我共《ママ》本土にある者も、時来たらば、一人残らず特攻隊員となり　敵に体当たりをなし、いかなることがあろうとも絶対にひるむことなく最後まで戦い抜いて終極の勝利を硬く信じ（注124）……」

7　天皇は一九四五年五月ころから、やっと終戦を考えるようになった

独伊破れ、残るは日本のみ

四月二十八日、イタリアの独裁者、ムッソリーニはパルチザンによって銃殺された。そして、三十日には、ヒトラーが自殺した。残るは日本帝国のみとなった。

五月四日、陸軍中央部は沖縄戦の「攻勢の初動が比較的順調に進捗」と上奏し、天皇からは「『今回の攻勢はぜひ成功させたきもの』とのお言葉を賜り、五日　現地軍に伝達された（注125）。」

翌五日頃から、天皇は、やっと「終戦」を考え始めた。十三日の『高木海軍少将覚え書』には以下のようにある。

「木戸に突込んで、一体　陛下の思し召しはどうかと（※近衛が）聞いたところ、従来は（※天

皇は）全面的武装解除と責任者の処罰（※をすること）は絶対に譲れぬ。それをやるようなら最後まで戦うとの御言葉で、武装解除をやればソ連が出てくるとの御意見であった。そこで陛下のお気持ちを緩和することに永くかかった次第であるが、最近、五月五日の二、三日前、御気持ちが変わった。二つの問題もやむを得ぬとの御気持ちになられた。のみならず今度は逆に早いほうが良いではないかとのお考えにさえなられた。

早くといっても時機があるが、結局は御決断を願う時期が近いうちにあると思う、との木戸の話である」（注126）

「天皇神話」の「造作」

伊藤正徳『帝国陸軍の最後』（5）には、この頃のこととして次のような天皇の発言を記している。

「参謀総長梅津美治郎《よしじろう》は宮城に伺候し、本土決戦の準備、今後のB29空襲に関する見通しなどを縷々《るる》言上し、松代大本営の造作もようやく完備したるについては陛下にはこの際帝都を去られて、信州に御移転あらせられるよう願い出たのであった。これに対する陛下の御返事は、終戦時の聖断とともに国民が長く記憶しておかねばならぬ感銘ぶかい一語であった。曰く、『イヤ、わたくしは市民といっしょに東京で苦痛を分かちたい』。

梅津大将は言葉なくひれ伏した。そうして、やがて、太陽のように輝く天皇の姿をおそるおそる仰ぎ拝するのであった。天皇が安きを求めて疎開されたら、民心にいかなる響きをあたえるであろう！　梅津は、陛下の尊い心、最高の責任感、最愛の慈愛、その人のために百万の兵が命を捧げたのは不自然でなかった――ことをつくづくと思い返すのであった（注127）」

天皇バンザイ教カルト信者ともういうべき人は、天皇の側近たちもそうであるが、客観的事実、客観的証拠というものに全く関心がないようである。この根拠となる出典も全く書いていない。この書き方からすれば、参謀総長の梅津美治郎から誰かが聞いたことなのだろう、という感じである。作者の伊藤正徳が直接、梅津から聞いたのだろうか。

しかし、この頃は、まだ「松代大本営の造作」は「完備」などしていない。完備もしていない松代大本営に、誰であれ、天皇に対して「御移転あらせられるよう願い出」ることなどできるはずもない。ここからして、この天皇の発言というもの自体が、ひじょうに嘘くさい。さらに「陛下の御移動」ともなれば、天皇側近の木戸内大臣に話がないなどということは考えられないが、この頃の木戸日記には「参謀総長梅津美治郎が宮城に伺候」という記載はない。

たぶん、前記した『木戸日記』にあった、前年のサイパン陥落の七月下旬に小磯首相が「御移動に関し言上」した話をどこからか聞いて、天皇バンザイ教カルト好みに、こういう「天皇の美しい発言」を「造作」したのではないだろうか。

この時は、天皇は「自分が帝都を離るる時は臣民　殊に都民に対し不安の念を起こさしめ、敗戦感を懐かしむるの虞ある故（中略）出来る限り　万不已得止場合に限り（中略）時期尚早に実行することは決して好まざるところなり」と発言しただけである。つまり、天皇が東京を出れば、都民に戦争が敗北していることを知られるためマズイので、時期尚早には移動しない、「万不已得止場合」は移動する、と言っていたのである。「移動」を絶対拒否したわけではない。後述するが、実際に松代への「移動」も天皇は考えていた。
また、帝国憲法によって絶対権を持つ天皇が、民に対して「市民」というような言葉を使用するだろうか、ということも疑問である。「臣民」、せいぜい「都民」（帝都の民）という言葉しか、この頃の天皇は使用しないのではないか。仮に、もしも、この天皇発言が本当に事実だったとして、天皇の住居と国民の住居を比べた時、「国民が長く記憶しておかねばならぬ感銘ぶかい一語」など と、いえるだろうか。

天皇の住居は前記したように、開戦の八カ月も前に建設に取り掛かり、一年八カ月かけて建設された「建坪１３２０㎡。地上1階、地下1階・2階の3階建て。屋根は1トン爆弾に耐えるよう、コンクリート１ｍの上に砂１ｍ、さらにその上にコンクリート１ｍを重ねた計３ｍの厚さであった」という堅固な防空宮殿だった。自分は、そんな日本一安全な所に住んでいて、木と紙、瓦一枚の屋根の粗末な家、爆弾が落ちたらひとたまりもない住居に住む「市民といっしょに東京で苦痛を分かちたい」と言われたところで、「長く記憶しておかねばならぬ」ほどに、どうして感動できるのだろうか。不思議である。

五月二十五日には東京山手地区にB29の大空襲があり、被災した東京の新聞五社（朝日・東京・日本産業・毎日・読売）は『共同新聞』を発行した。その『共同新聞』二十七日（日刊）第一面の冒頭記事見出しは、「昨暁、B29約二百五十機　帝都を無差別爆撃　四十七機撃墜　宮城大宮御所に被害　三陛下、賢所は御安泰」である。

六月三日には、さらに「吹上御文庫付属室、強化工事」（注128）が始まった。「『御文庫』よりさらに頑丈な御文庫附属室が御文庫から90ｍ離れた地下10ｍに陸軍工兵部によって建設された。広さ330㎡、56㎡の会議室2つと2つの控室、通信機械室があり、床は板張り、各室とも厚さ約1ｍの鉄筋コンクリートの壁で仕切られていた。50トン爆弾にも耐えるよう設計され御文庫とは地下道で結ばれていた。この地下壕はのちの終戦時の二度の御前会議の場所となった。」（ウィキペディア）

松代大本営移動を協議

同年六月五日に陸軍省は「松代倉庫」促進のため所要部隊に工事協力命令(注129)を出し、突貫工事が始まった。

一九四五年六月八日、第二回最高戦争指導会議は「今後採るべき戦争指導の基本大綱」、いわゆる本土決戦案を決定した。

「方針
七生盡忠《しちしょうじんちゅう》の信念を源力《ママ》とし　地の利　人の和を以て　飽く迄戦争を完遂し　以て国体を護持し皇土を保衛し　征戦目的の達成を期す

要領
一　速かに皇土戦場態勢を強化し　皇軍の主戦力を之に集中す(注130)（後略）」

天皇はこの本土決戦案を裁可した。しかし、九日、梅津参謀総長が「関東軍には、もう戦う力がない」と上奏したため、木戸の証言によれば「天皇『あれでは戦争はできぬではないか』、木戸、

腹を決めて終戦を言上したところ、天皇は賛意を表された。」（毎日新聞一九七四年八月十二日付）

十一日、米軍は沖縄守備軍に無条件降伏を勧告したが、牛島司令官は黙殺した。十三日の『木戸日記』には、次のような記事がある。「十一時半、武官長来室、信州松代に設備云々の話ありたり。十二時半、宮相、次官［大金益次郎］、侍従長、皇后宮大夫、余の室に参集（※松代への）御動座の場合の対策につき協議す。一時四十分より二時二十分まで、御文庫にて拝謁。(注131)」

一九六〇年になって発表された、前記藤田尚徳『侍従長の回想』では「断じて皇居は動かぬ、陛下も私たちも大内山に立て籠る意気込みであったのだ。松代大本営案は宮中では問題にされなかった(注132)」などと記載しているが、これも事実ではない。

戦争終結の研究

五月十四日付の『高木海軍少将覚え書』では「最近梅津が拝謁して相当悲観的なことを奏上したらしい。そこで御上は、あの国力判断と梅津の奏上で、この際名誉ある……は考慮すべき時期だとお考えになられたらしい。あの国力判断で、統帥部は戦が出来ると思ってるのかと仰せられた由。（……筆者（※）：「講和」という語を入れるべきだったかもしれないが、当時はそういう言葉を形に表せないのが事実上だった。実質的には降伏の意味であった(注133)）」とある。（※この「筆者」は高木である。こういう私的な覚書にさえ、「講和」という文言を使用できなかったらしい。）

六月二十二日の『木戸日記』にある天皇の言葉は「戦争の終結につきても、この際、従来の観念にとらわれることなく、速かに具体的研究を遂げ、これが実現に努力せんことを望む(注134)」である。

翌二十三日、沖縄守備隊は全滅した。

「沖縄戦における戦死者の数は正確には把握されていない。沖縄県援護課がまとめた資料によると、日本側一八万八一三六人、県外出身日本兵戦没者六万五九〇八人、沖縄県出身軍人・軍属二万八二二八人、戦闘参加者五万五二四六人、一般住民（推定）三万八七五四人（中略）五万五二四六人という数字は『戦闘参加者として死んだ非戦闘員のうち、厚生省によって援護法の適用を認定されたもの』であり、戦闘参加を強制されて死んでいったすべての住民が統計に上がっているわけではない。（中略）沖縄県民の死没者総数を約九万四千人と公称する（中略）援護課の統計に上がっていない住民の死者が非常に多いことは、長年の調査研究で明らかにされてきた。マラリア死、餓死などは、援護業務の上では必ずしも沖縄戦の死者とは考えられていない。また、日本軍によって食料を奪われて死んだ老人や子どもたち、壕を追い出されて死んだ人たちについても『戦闘参加者』として統計に上がっている者と、黙殺されている者がある。スパイの疑いで殺された精神障害者・聾唖者や戦場の人たち、『自決』を強要されて死んだ住民たちを含めると、一般沖縄県民の死者は十五万人を上回ると推定される。沖縄戦の何よりの特徴は、『軍人を上回る住民の死者』を出したところにある（注135）」

有名な海軍司令官・太田実少将（死後、中将）の、最後の海軍次官宛電報はいう。「沖縄県民かく戦えり。県民に対し後世　特別の御高配を賜らんことを（注136）」――後世、天皇は「県民に対し」どのような「特別の御高配を賜」ったか――。

六月二十七日、小倉侍従は天皇の移動に備え、松代を視察する。「上野発、長野県に向け、加藤総務局長、東部軍の井田中佐（※）、小林少佐、同道せり。戸倉温泉に泊す。翌日午前、松代在の山中（烽山）に築造せる地下工事を視察す。（注137）」（※井田正孝中佐が一九四四年一月に大本営移動計画を発案したと言われている。）

8　近衛の和平交渉条件には何が書いてあったか

ソ連に和平仲介を頼む

一九四五年七月十一日の『木戸日記』には、次の記載がある。「十時半、大金次官来室、信州（※松代）云々《うんぬん》言上につき連絡ありたり。一時十五分より一時五十分迄、御文庫にて拝謁。（注138）」天皇と松代移動等をいろいろ話し合っている。

その翌十二日、天皇は近衛に対しソ連への和平仲介斡旋依頼の使いを命じ、近衛は大感激した。（注139）当日、近衛が「『（※国民は）今や皇室をお怨み申上げる事態にさえなって居ります。』と申し上げたるところ、（※天皇は）全くご同感にあらせられた（注140）」ということだ。

翌十三日に天皇は、ソ連に近衛を派遣すると申し入れた。「講和の仲介に『ソビエト』を撰んだのは、それ以外の国は皆微力であるから、仲介に立っても英米に押されて無条件降伏になる怖れがある。ソ聯なら力もあるし且中立条約を締結している情誼《じょうぎ》もあるので、この二つの理由からである。然しソ聯は誠意ある国とは思われないので、先ず探りを入れる必要がある。それでもし石油を輸入して呉れるなら南樺太も満州も与えてよいという内容の広田『マリク』会談を進めることにした。

処《ママ》が7月上旬になっても『ソビエト』から返事がない。……広田『マリク』会談を取止め、『ソビエト』に直接交渉することにした」(注141)のである。

近衛が持っていく予定だった「和平交渉の要綱」は次のようなものだった。

〈和平交渉に関する要綱〉

一、方　針

一、聖慮を奉戴し成し得る限り速に戦争を終結し以て我国民は勿論世界人類全般を迅速に戦禍より救出し御仁慈の精神を内外に徹底せしめることに全力を傾注す。

二、これが為め内外の切迫せる情勢を広く達観し交渉条件の如きは前項方針の達成に重点を置き、難きを求めず悠久なる我国体を護持するを主眼とし細部に就《つい》ては他日の再起大成に俟《ま》つの宏量《こうりょう》を以て交渉に臨むものとす。

三、ソ連の仲介による交渉成立に極力努力するも万一失敗に帰したるときは直ちに英米との直接交渉を開始す。

その交渉方針及条件に就ては概ね本要綱によるものとす。

二、条　件

(一) 国体及び国土

イ、国体の護持は絶対にして一歩も譲らざること。

ロ、国土に就ては成るべく他日の再起に便なることに努むるも止むを得ざれば固有本土を以て満

足す。（中略）

（四）賠償及び其の他

イ、賠償として一部の労力を提供する（※）ことには同意す。（※日本軍兵士のシベリア強制労働となっていく）（後略）

解説

三　条件について

（一）の（イ）国体の解釈に就ては皇統を確保し天皇政治を行うを主眼とす。但し最悪の場合には御譲位も　亦　止むを得ざるべし。此の場合に於ても飽く迄も自発の形式をとり、強要の形式を避くることに努む。之が為めの方法に就ては木戸侯に於て予め研究し置かれ度。

（一）の（ロ）固有の本土の解釈に就ては最下限　沖縄、小笠原、樺太を捨て千島は南半部を保有する程度とすること。（注142）

近衛は、国体護持＝天皇政治は絶対に譲れないが、国体護持のために必要な場合は、昭和天皇に戦争責任を取らせて譲位させる案を持っていた。

さらに、「和平」のためには、この時点で既に日本の支配層は「沖縄は捨て」ることを決めていた。これが、太田少将が求めた「沖縄県民に対する　後世　特別の御高配」だった……実際に沖縄県民が敗戦後、昭和天皇からどんな「特別の御高配」を賜ったかは、今ではあまりにも有名である（後述、一九一～二〇二頁）。

第3章　敗戦と天皇

1　天皇は原爆が投下されても降伏を考えなかった

「三種の神器」をいかに守るか

一九四五年七月十六日、アメリカは、世界初の原爆実験に成功した。十七日からはポツダム会談が始まっている。十八日、ソ連は近衛特使派遣を拒否してきた。

二十五日、天皇の問いに対する木戸の回答は以下である。

「大本営（※天皇）が捕虜になるというが如きことも必ずしも架空の論とは云えず。ここに真剣に考えざるべからざるは三種の神器（※太陽の神、天照大神が天孫ニニギに与え、天から降りて来る時に持ってきて以来、伝わっているという鏡・玉・剣）の護持にして、これを全うしえざらんか、皇統二千六百年の象徴を失うこととなり、結局、皇室も国体も護持し得ざることとなるべし（注143）」

米軍の大空襲で、何の罪もない女性、子どもを含む国民（在日朝鮮人も含む）が生きながら焼かれ何十万人死んでも、沖縄戦で何の罪もない女性、子どもを含む国民（在日朝鮮人も含む）が何万人死んでも、天皇は戦争を終わらせることを考えなかった。

天皇が常に考えていたのは「皇室」「国体」の「護持」であり、そのシンボルである「三種の神器」という骨董品をいかに守るか、ということであって、「たふれゆく民」のこと、国民の幸福ではなかった。紀元前六百六十年の二月十一日に天から降って来たニニギが持ってきたという「三種の神器」というものがなければ、天皇は、その日本支配の特権を正当化できないからだろうか。

何万、何十万という民が米軍の空襲で「たふれゆく」、この期に及んですら、なお、天皇と側近たちが考えていたのは「三種の神器の護持＝国体・天皇支配権の護持」だった。

七月二十六日、日本に降伏を勧告するポツダム宣言が発せられたが、鈴木貫太郎内閣はこれを「黙殺」した。三十一日、天皇は側近の木戸に語った。

「種々考えて居たが、伊勢と熱田の神器は結局自分の身近に御移ししてお守りするのが一番よいと思う。而しこれを何時御移しするかは人身に与うる影響をも考え、よほど慎重を要すると思う。自分の考えでは度々《ただただ》御移しするのも如何かと思う故、信州（※松代）の方へ御移しすることの心組みで考えてはどうかと思う。此辺、宮内大臣と篤《とく》と相談し、政府とも交渉して貰いたい。万一の場合　自分が御守りして運命を共にする外ないと思う（注144）」

一九四五年八月六日午前八時十五分、広島に原爆が投下された。キノコ雲の下はこの世の生き地獄であった。十数万の人々が見るも惨たらしく殺された。「常に国民の幸福を考え、祈念し、国民とともに歩んでいた」はずの昭和天皇は一九七五年に言った。

「（※原爆投下は）戦争中であることですから、どうも広島市民に対しては気の毒であるが、やむをえないことと思っています」

ソ連参戦で降伏

八月八日深夜、ソ連が「九日より日本と戦闘状態に入る」と通告してきた。空襲で何万の民草が殺されても、沖縄戦で何万の民草が殺されても、広島の原爆で何万の民草が殺されても、終戦を考えなかった昭和天皇は、この時、即座に終戦を決意した。これが事実であることは、二〇一四年九月九日付産経新聞が、公開された昭和天皇実録によって、以下のように証明してくれた。

「ご聖断」ソ連参戦で決意　報告の一八分後「終戦」側近に指示
公表の「実録」時系列から判明

昭和天皇が最終的にポツダム宣言受諾を決意したのはソ連軍が満州に侵攻したとの情報を得た直後で、ソ連参戦が「ご聖断」の直接原因だったとみられる。

実録では、連合国が日本に降伏を求めたポツダム宣言を入手した昭和二〇年七月二七日から降伏の玉音放送が流れた八月一五日までの二〇日間を三六ページにわたり詳述。それによると、昭和天皇は広島に原爆が投下された二日後の八月八日、賜謁《しえつ》した東郷茂徳外相に「なるべく速やかに戦争を終結」させたいとの希望を述べた。

翌九日午前九時三七分、ソ連軍が満州侵攻を開始したとの報告を受けると、直後の九時五五分、木戸幸一内大臣を呼び、戦争終結に向けて鈴木貫太郎首相と「十分に懇談」するよう指示。木戸内大臣から天皇の意向を聞いた鈴木首相は、午前十時三〇分開催の最高戦争指導会議でポツダム宣言への態度を決定したいと答えた。

十日午前〇時三分、御前会議が開かれ、鈴木首相から「ご聖断」を求められた昭和天皇は、ポツダム宣言受諾を決心したと述べた。

広島への原爆投下時では二日後に終戦の意向を閣僚の東郷外相に伝えたのに対し、ソ連参戦時は直後に側近中の側近だった木戸内大臣に指示した点を重視。「ソ連参戦がポツダム宣言受諾を最終的に決意する原因だったことが改めて読み取れる」としている。

八月九日、午前八時半から十一時まで、第三回最高戦争指導会議が開かれ、ポツダム宣言受諾を前提に議論をしたが、条件で対立した。

「天皇の地位の保障のみで受諾」派は首相、外相、海相。「その上に三条件（戦犯処罰も武装解除も日本側がする、本土占領はなるべく小さく）を付ける」派は陸相、参謀総長、軍令部総長だった。

この会議終了直後、長崎に原爆が投下された。

「歴史にイフはナンセンス」とはいうが、せめて――せめて、六日の広島原爆直後にポツダム宣言受諾を通告していれば、長崎原爆だけでも避けられたものを――と考えるのは、私だけだろうか。

2　天皇は国民を救うために「降伏」を決意したのか

聖断のシナリオ

八月十日午前〇時半～三時まで、再度、御前会議が開かれた。陸相・参謀総長・軍令部総長が天皇の地位保障に三条件を主張し、首相・外相・海相・平沼枢密院議長は天皇の地位保障のみの主張で三対四であるが、天皇に「聖断」を仰ぐことになった……ということになっている。

敗戦後の一九四六年三月十八日から、「昭和天皇は戦犯ではない」ということを東京裁判用対策として弁明するために『天皇独白録』が作成されていったが、それによると、この御前会議の時に天皇は、以下のように考えたことになっている。

「私は外務大臣の案に賛成する。『ポツダム宣言受諾』と云った。……とにかくこの会議は私の裁決に依り『ポツダム』宣言受諾に決定し『スヰ《イ》ス』と瑞典《スウェーデン》とを通じて受諾の電報を出すことになった。……当時私の決心は第一に、このままでは日本民族は亡びて終まふ、私は赤子を保護することが出来ない。第二には木戸も仝《どう》意見であったが、敵が伊勢湾付近に上陸すれば、伊勢熱田両神宮は直ちに敵の制圧下に入り、神器の移動の余裕はなく、その確保の見込みが立たない、これでは国体維持は難しい、故にこの際、私の一身は犠牲にしても講和をせねばならぬと思った（注145）」

しかし、当時のリアルタイムの史料には、昭和天皇が「赤子の保護」を第一に考えたということを証明する記録は皆無である。リアルタイムで書かれた史料で、第二のことだけは事実であると証明できている。

高木海軍少将によれば「九日深更、御前会議開催の前、左近司国務相は海相に耳打ちして、統帥部反対の現状で多数決によることは後難の危険がある。総理からご聖断を願わせたほうがよいと助言した。海相これを了承して御前会議から退出後、左近司国務相に、総理に言ったら、『ウン、判った』と答えたが、うまく運んだヨ、と語った。面目と少壮部下の突上げに追い詰められていた陸相と両総長を救うには最良の対策だったと思われる」(注146)となっている。これも、シナリオがあったのである。

同十日、政府は「天皇の国家統治の大権に変更を加ふる要求を包含し居らざることの了解の下に日本政府はこれを受諾す」と連合国に通告した。翌十一日の連合国回答は、「降伏と同時に天皇と日本政府の権限は連合国最高司令官の制限の下に置かれる。(※ shall be subject to は本来は「隷属する」と訳すべきものだが、外務省がぼかした表現にしたといわれる。)最終的な日本の政府の形態は日本国民の自由に表明する意思によって決定される」だった。いわゆる「バーンズ」回答である。

天皇は、これに国体(天皇制の保障)が含まれるとして受け入れようとしたが、参謀総長と軍令部総長はこれでは不安なので、もう一度連合国に念を押してこれを認めなければ、なお戦争を継続しようと十二日から十三日まで意見が対立した。この間も全国各地の空襲で、どれだけの「赤子」が殺され、障害が残るまでに痛めつけられていただろうか……。『昭和天皇独白録』には「朝香宮が、国体護持が認められなければポ宣言を拒否するのかというので、『もちろんだ』と答えた」(注147)とある——この期に及んでですら——。

十三日、オーストラリア政府は米国務省に文書を送付した。「国家元首として、また、陸海軍統帥者として、天皇は、日本の侵略行為ならびに戦争犯罪についてその責任を問われるべきである。」(注148)

「国体護持」のために和平の引き延ばし

八月十四日の午前八時半、木戸がB29がまいたビラを天皇に見せた。天皇は語っている。「かやうに意見が分裂している間に、米国は飛行機から宣伝ビラを撒き始めた。日本が『ポツダム』宣言を受諾の申入をなしつつあることを日本一般に知らせる『ビラ』である。このビラが軍隊一般の手に入ると『クーデター』の起こるのは必至である。そこで私は、何を置いても廟議《びょうぎ》の決定を少しでも早くしなければならぬと決心し、十四日午前八時半頃鈴木総理を呼んで速急《ママ》に会議を開くべきを命じた。(注149)」

アメリカの歴史学者ハーバート・ビックスはいう。「この日本民衆に向けられた最新のビラには、国体護持を唯一の条件として降伏するという日本政府の通告と、それに対するバーンズ回答の全文が掲載されていたのである。こうしたことを続けられたら、帝国政府は戦争に負けているという事実と、なぜ降伏が遅れたのかという理由を国民に伏せておくことができなくなる。昭和天皇と木戸は、皇位に対する批判を含め敗北主義が台頭する兆候を懸念していた。彼らは、民衆自らが決起することを防ぐために、すみやかに行動を起こさなければならなかった。このようにして二度目の聖断が下された。(注150)」

そこで、八月十四日午前十一時から、第四回最高戦争指導会議が開かれた。両総長・阿南陸相はなおも本土決戦を主張した。昭和天皇は言った。「国体に就ては敵も認めて居ると思う。毛頭不安なし」「私はこの席上、最后の引導を渡したわけである。(注151)」

一方、天皇は、この時、次のようにも語っていた。「国体に就ては敵も認めて居ると思う　毛頭不安なし　敵の保障占領に関しては一抹の不安がないでもないが　戦争を継続すれば　国体も将来

もなくなる　即ち　もとも子もなくなる　今　停戦せば　将来発展の根基は残る。（注152）」

天皇は国民を戦火から救うために「終戦」を「聖断」したのではないことは明らかだろう。あくまでも「戦争を継続すれば　国体も将来もなくなる　即ち　もとも子もなくなる」からである。「戦争を継続」して、ソ連に占領されるような事態になれば「国体＝天皇制もなくなる」のであり、そうなったら、天皇一族にとって「将来もなくなる」のであるから、ソ連よりはマシな米英に対しての降伏＝終戦を昭和天皇は決断したのである。天皇制さえ生き延びればいいので……。

「たふれゆく民」を本当に救いたい、常に国民の幸福を考えていた、祈念していた、ということがもし口先だけでない真実の「昭和天皇の御心」であったというなら、なぜ近衛が上奏した二月に即座に「終戦」を「聖断」しなかったのか。三月の東京大空襲の惨状を見たときに、なぜ即座に「終戦」を「聖断」しなかったのか。四月の沖縄戦で血しぶき飛ぶ中、赤ん坊まで含む民の惨死を聞いた時、なぜ即座に「終戦」を「聖断」しなかったのか。七月二十六日のポツダム宣言の受諾を、なぜ即座に「聖断」しなかったのか。八月六日の広島原爆の惨状を聞いてすら、なぜ即座に「終戦」を「聖断」しなかったのか……。

3　「朕の一身は如何あろうとも……」の大宣伝

「自衛と平和」のための戦争

昭和天皇の終戦の詔書は次のように始まっている。

「朕深く世界の大勢と帝国の現状とに鑑み　非常の措置を以て時局を収拾せんと欲し　茲《ここ》に忠良なる爾臣民《なんじ》に告ぐ　朕は帝国政府をして米英支蘇四国に対し　其の共同宣言を受諾する旨通告せしめたり……」

フランス人ジャーナリスト、ロベール・ギランは書いている。「このテクストはまったく不思議なものだった。その精神において、とことんまで日本的なものだった！……この詔勅の中で、敗戦という言葉はいちども発せられておらず、もちろん降伏という言葉も使われなかった。残忍な原子爆弾がこの戦争の終結理由だとされた。そして詔勅が別のところで述べているように、『曩《さき》に米英二国に宣戦する所以も　亦　実に帝国の自存と東亜の安定とを庶幾《しょき》する』だけがこの戦争の目的とされた。そこでもし旧軍人が将来自分たちの好き勝手に歴史を書きなおす機会を得るならば、彼らはこの詔勅のテキストを基盤にして次のように言うこともできよう。

われわれが戦争をやめたのは、われわれの敵の非人間的行動にのみ依るものであった。わが天皇は麾下《きか》の軍隊が深手を受けていないにもかかわらず、殺戮を止めることに同意されたのである。なぜなら、天皇は日本国の救世主であるばかりでなく、いかなる残虐行為にも反対する、人間文明の防衛者たらんと欲せられたからだ、と。」(注153)

二十一世紀現在の日本において、「歴史偽造」主義者たちとその教科書（扶桑社教科書や産経新聞の子会社である扶桑社の子会社が出す育鵬社教科書）が、ギランの予想通りの主張をしているのは、なぜだろうか。

「天皇は国民の救世主」

さて、八月十五日の正午、天皇が「詔書」を読み上げたものを録音してラジオ放送、いわゆる玉音放送がなされた。その後のラジオ・アナウンサーによる解説は次のようなものだった。

「天皇陛下におかせられましては（中略）『朕は国土が焦土と化することを思えば、たとえ朕の一身は如何にあろうとも、これ以上、国民が戦火に斃《たお》れるのを見るのは忍びない』。

このような御旨の有り難くも畏《かしこ》き御言葉を賜り、陛下におかせられましては、白の御手袋もて龍顔《りゅうがん》のあたりにふれさせ給うた御由に承ります。

たとえそれが国際法規を無視せる敵の原子爆弾使用と、ソヴィエトの対日参戦とによりますとはいえ、陛下の御心中、ただただ拝察するだに恐懼《きょうく》感激の極みでございます。

一億民草の上に垂れさせ給う大御心の忝《かたじけ》なさに、皇国日本に生を受けた赤子は悉《ことごと》く地にひれ伏して、盡《つ》くさんとして、盡くし得ざりし己の不忠不義に、ただ慚愧《ざんき》の涙をしぼり、深謝するのみであります。

大御心に副《そ》い奉ることもなし得ず、自ら戈《ほこ》を納むるの止むなきに至らしめた民草をお叱りもあらせられず、かえって『朕の一身は如何あろうとも、これ以上国民が戦火に斃れるのを見るのは忍びない』と宣《のたま》わせられ、国民への大慈大愛を垂れさせ給ふ大御心の有難さ、忝さに、誰か自己の不忠を省みないものがありましょうか」（注154）

当時の日本放送協会は、実質上、国営放送機関である。この実質、国営放送は、昭和天皇側近達が敗戦前から作成していた終戦シナリオ通りに、八月十五日から「天皇は国民の救世主として現れる」を大々的に宣伝した。読者は前記三月十日の大空襲の時の視察に伴う新聞の主張を思い出されるだろう。

原子爆弾投下でも降伏を考えず、ソ連が参戦するや、天皇制護持のために即座に降伏・終戦を決断した人物に対して、天皇が本心から納得した上で出した開戦命令で始められた戦争の被害者である日本の民草は、ただただ、ひたすら、お詫びし、「慚愧の涙をしぼり、深謝するのみ」でなければならないのである。

悪いのは戦争を選んだ国民

天皇以外は「一億総懺悔」すべし、とは、降伏直後からの「朕の政府」の方針だった。昭和天皇には戦争責任がないどころか、「身を投げ出して国民を救った偉大なる天皇だ」「悪いのは戦争を選んだ国民だ」という真っ赤なウソ物語が降伏発表と同時に誕生し、大宣伝されたのである。

八月二十八日、皇族内閣を組織した東久邇宮は記者会見で語った。(朝日新聞一九四五年八月三十日付)

「国体護持ということは理屈や感情を超越した固いわれわれの信仰である。(中略)現在においては　先日　下された詔書を奉体し、これを実践することが国体を護持することである。」「わが国の戦敗の原因は　戦力の急速なる壊滅であった。(中略)これに加うるに、惨状尽くし難い原子爆弾の出現と　蘇の進出とが加わって戦敗の原因となったのである。」「ことここに至ったのはもちろん政府の政策がよくなかったからでもあるが、また　国民の道義がすたれたのも　この原因の一つである。」「全国民　総懺悔をすることが　わが国再建の第一歩。」

昭和天皇から皇太子（現・明仁天皇）への、九月九日付の手紙というものがある。

「敗因について一言、言わせてくれ。我が国人があまりに皇国を信じすぎて英米をあなどったことである。軍人がバッコして大局を考えず、進むを知って退くを知らなかったからです。（中略）戦争をつづければ三種の神器を守ることも出来ず、国民をも殺さなければならなくなったので　涙を飲んで　国民の種を残すべくつとめたのである」（注155）

つまり、昭和天皇は自分の息子に、敗戦の原因は「国民が悪かったからだ」「軍人が悪かったからだ」と責任をすべて臣下に転嫁し、「皇国を信じすぎ」させ、「軍人がバッコして大局を考え」ないようにした統治権の総覧者にして大元帥であった自分の責任には、全く頬かぶりした。

終戦にしたのは「三種の神器を守ることも出来ず」、つまり、天皇制を守ることができなくなる、ということが第一だったこと、三百十万人もの国民を殺したその後で、「天皇万歳」を言ってくれる国民がいなくなったら天皇制も何もなくなるから「国民の種を残すべく」そうしたのだと、息子には正直に語っている。昭和天皇の辞書に「反省」「内省」という言葉は無かった。

敗戦直後に、正木ひろし弁護士は書いている。

「武装を解除された日本は、将来　道義一本で建て直す以外に方法は無いという。誠に然り。然かる時は、先ず第一に、日本を今日の悲境に陥入れたる張本人　天皇の責任の追及を完全にすることを前提とする。われらは軍閥の命令によって　戦争に従事したるものにあらず。天皇の名によってこれを遂行したるのみ。その責任を不問に付して、何の正義、何の道義ぞや」（一九四五年十二月号「私のメモより」）

「降伏当時の新聞によれば、『朕は国が焦土と化することを思へば、たとえ朕の一身は如何になろうとも、これ以上民草の戦禍に斃れるを見るはしのびない』といったと書いてあるが、それは言葉の上だけのことで、実は、朕の身の安全のために宣戦し、朕の身の安全のために降伏したと見るべきである。

もしも『朕の身が如何になろうとも』ということが真実ならば、もっと早く無条件降伏すべきであった。否、身をもって戦争を阻止すべきであったし、誤って戦争をはじめたならば、戦勝の見込みがないと誰が目にも明らかになった瞬間に降伏すべきであった。勝目なき戦争たることはアッツ島玉砕以後、何びとの目にも明らかであり、それ以後、サイパン、レイテ、琉球と、大廈《たいか》の崩壊する如く　敗戦は加速度を以って進み、帝都を始めとして全国の都市は　日を追うて灰燼《かいじん》に帰しつつあったにかかわらず、八月十五日まで一億玉砕を唱えて　民を無限に戦火に斃しつつあった。

そして最後に至っても皇室の存続を条件として和を申し込んだ。なんという恐るべき利己主義であることよ。その申し入れの結果、天皇の存続を必ずしも否定せざるを確かめるに及んで　始めてポツダム宣言を受諾したので、もし、この条件を真っ向から否定されたら戦争を継続しただろうことは、鈴木貫太郎氏及び東久邇内閣の演説によっても明らかである」（一九四六年、同再刊第一号）(注156)

『独白録』をはじめ、拙文に紹介している日記類や外交文書など、全く公刊されていなかった敗戦直後の段階においても、炯眼《けいがん》の士には歴史の真実は見えていた。昭和天皇こそ最大・最高の戦争犯罪者・戦争責任者であることは明々白々である。にもかかわらず、二十一世紀の現在の日本国において、「昭和天皇は平和主義者だった。立憲君主だったので内閣の決定に逆らえなかった。最後は『自分の身はどうなってもいいから』といって国民を救った」などという真っ赤なウソ、欺瞞を宣伝拡散するマスメディアばかりなのは、なぜだろう。

育鵬社の歴史教科書のように、こんな真っ赤なウソ話、歴史偽造の物語がおおっぴらに手を振って歩き、子どもたちを洗脳しているのは、なぜだろう。こういう教科書を広めようとする安倍晋三首相らの狙いはなんだろう。

4　天皇は「鬼畜米英」のマッカーサーに協力を申し出た

天皇の売り込み

一九四五年八月三十日、マッカーサーが厚木飛行場に到着した。九月二日、戦艦ミズーリ号上で重光葵外相、梅津美治郎参謀総長が降伏文書に調印した。その翌日の三日、さっそく、重光は昭和天皇の意を体し、マッカーサーと直接交渉を始めた（以下『重光葵手記』）。

「（一）戦敗国たる日本の天皇は、その受諾したるポツダム宣言を最も忠実に履行することを決意し、そのために史上初の試みである皇族内閣を任命し、ポ宣言履行に遺算なきを期せられて居ること。元来、日本天皇は戦争に反対し、平和維持に終始熱意を示されていた実情で、今回も戦争を終結せしむるために決定的約割を演ぜられたのも陛下である。陛下はポ宣言を誠実に履行することが日本国民の為め最も幸福を齎《もたら》すものであることを最も好く了解されて居ること。

（二）占領軍としては日本国民の絶対尊崇する天皇の特に指令する日本政府を通じて占領政策ポ宣言を実行すること最も簡易な方法なり。若し然らずして日本国民の信念である天皇制を排撃し、日本の政治組織を蹂躪するに於いては、あるいは日本は大混乱に陥るやも計られず。何となれば天皇の命令せる終戦に対して心窃《ひそ》かに反対せし勢力も少なからず存在した情態であったからである。

（三）（四）略

（五）占領軍として占領政策を遂行するには、日本政府を利用すると云う最も安易にして効果的なる方法を選ぶ事を最も利益とせらるべし。夫《そ》れにも拘わらず此方法によらずとせば、占領軍としてはポツダム宣言以上の事を考慮し、之が実施を日本に要求せらるる次第なるや。

記者（※重光）は我皇室は歴史的に終始平和主義であった事、今上陛下が如何に戦争を忌み平和人道に熱心であられたかを具体的に論証することに心血を注いだ。マッカッサー元帥の決意と感情の結ぼれは会談の進むに付て漸次ほころびて行く様に見えた。記者の意のある所を聴取して、元帥は『能《よ》く了解せり』と簡潔に一語を発した。

マ元帥、『何時にても連絡に来られ度《た》し』と云って非常に御機嫌で、堅い握手して記者を部屋の戸口から送り出した。

直に総理の宮より陛下に奏上することとなった。茲に政府も宮中も愁眉を開いた。（中略）

宮中から、本日　遅くても差支えないから、陛下は重光より　本日マ元帥との会談の模様を直接聴取し度いとの思召しであるとの事で、記者は午後七時　参内し、吹上御文庫で拝謁、木戸内府列席の上　詳細報告　奏上した。

陛下より『それは誠によかったねー』と一度ならず御言葉があり、陛下は非常に御安堵の御様子に拝せられ、記者は身に余る光栄を感じた」(注157)

(一)は、天皇はマッカーサーの占領政策に最も忠実に協力する、たいへん、お役に立つ存在であり、天皇は戦争に反対していた平和主義者だったので、戦争を終結させる決定的役割を演じたという売り込み、(二)は、そういう天皇および天皇制を排撃すれば、日本は大混乱し、マッカーサーの占領政策がうまくいかなくなるよ、という脅しである。新しく日本の支配者となったマッカーサーは、支配下にある天皇からの協力の申し出に大いに満足した。

マッカーサーの腹心、軍事秘書であるフェラーズ准将が一九四五年九月六日付で出した家族宛手紙には、以下のようにあった。「700万人もの日本軍将校が投降したのは奇跡のようだ。日本に侵入していれば、大変な犠牲が出たことだろう……今後、天皇の存在が必要なくなるとしても、やはり天皇を利用したのは賢明だった。」(注158)

天皇免罪のシナリオ

しかし、同月十一日、米軍憲兵により、東条英機が逮捕された。ピストル自殺に失敗し、そのまま、拘束されたのである。また、太平洋戦争開戦時の閣僚等三十九人にも逮捕命令が出された。昭和天皇は、本当に大丈夫かと、天皇も側近たちも憂慮する。

同月十四日のこととして、『続　重光葵手記』には次のような記録がある。「近公(※近衛)は軽井沢で会った『ニューヨーク・タイムズ』記者『コルボーン』の要望を容れて　彼れを拝謁せしめ、陛下に有利なる通信を行わしめんと企て、『タイムズ』本社は直接　近公に電話を以って依頼し来たりとて……陛下のお言葉として真珠湾攻撃は陛下の知られざる所なりと云うに在り。」(注159)

つまり、「昭和天皇は真珠湾攻撃など知らされていなかった、東条が勝手にやったのだ」という真っ赤なウソをついて、ニューヨーク・タイムズで報道してもらい、天皇の戦争責任を逃れさせようというのである。

同月十八日、東久邇宮首相は外国人記者団と問答した。

Q「民主主義国の一部では天皇陛下も犯罪者の一部と見ているが」

A「天皇陛下は責任者でないと確信する。天皇陛下は事前にかかる事実をお知らせしてなかった。側近の一部軍人によって計画された」

Q「日本の憲法によれば天皇が戦争を決定するように規定してあるが」

A「今度の戦争に関してはいろいろな経過がまだ発表されておらん、研究してお答えする」(注160)

昭和天皇の戦争責任を免罪、隠蔽するために、「天皇は何も知らず、軍人（東条）が勝手に戦争を計画した」というシナリオでいくことにするが、ただ、具体的にどうするかは、まだまだ、研究の段階だったことが分かる。同日、米上院は満場一致で、「日本国天皇裕仁を戦争犯罪人として裁判に付することをアメリカ合衆国の政策とする宣言」をした。(注161)

河原敏明『天皇裕仁の昭和史』によれば、九月二十日、吉田茂外相がマッカーサーに会い「天皇陛下には、閣下をご訪問したいとのお考えを持ちですが……」と切り出したところ、マッカーサーは「日本への進駐がスムーズに進んだのは天皇の協力が大きいと思う。訪問されるなら、喜んでお迎えする」[注162]と言っている。

同日、藤田尚徳侍従長も天皇の使者としてマッカーサーを訪問した。「吉田外相も陛下とマ元帥の会見問題について、それとなくGHQの意向を打診していたし、米内大将を通じてもGHQの考え方について情報を集めた。陛下の立場がどうなるか、これは国体護持という言葉で、終戦決定の最大眼目となった点である。」[注163]

当時の侍従長だった入江相政の日記の二十一日付には、「午後二時吉田外相拝謁。外相は実に一時間十分の長きに亘った」[注164]という記述がある。

吉田茂外相、米内光政、重光、藤田等、天皇の側近たちが入れ替わり立ち替わり、マッカーサーが昭和天皇をどう処遇しようとしているか、探っていた。それこそが、大空襲でも沖縄戦でも原爆でも「終戦」を考えなかった昭和天皇の「終戦決定の最大眼目」だったからである。

5　天皇は真珠湾奇襲の責任を東条に押し付けた

「東条が悪い」

九月二十五日、『続　重光葵手記』にあったニューヨーク・タイムズ特派員との会見が実現した。昭和天皇はクルックホーン記者の質問にマッカーサーの認可の下で文書回答を与えた。九月二十九日付朝日新聞にその内容が発表された（次頁）。これについては、内務省が写真・記事とも発禁としたが、GHQによって取り消されたという、いわくつきのものである。

朝日新聞
天皇陛下、マツクアーサー元帥御訪問
聖上 米記者に御言葉
全世界平和に寄與
民主主義を確保 社會的安定を達成
軍用資材を
纖維等の
聯合軍通告
民需品應急生
生糸、絹糸、火
新に地

ここから、内容を拾ってみる。

記者「日本の将来にいかなるお考えをいだいておられますか」

天皇「英国のような立憲君主国がよい」

記者「東条大将は真珠湾への攻撃、ルーズヴェルト大統領の言葉をかりるならば『欺し討ち』を行うために宣戦の大詔を使用しその結果アメリカの参戦を見たのであるが、大詔をかくのごとくに使用される、というのは陛下の御意図であったでしょうか」

天皇「宣戦の大詔は、東条のごとくにこれを使用することはその意図ではなかった」

昭和天皇は、自分は絶対君主であって、立憲君主ではないことをよく知っていたのである。また、天皇は、東条に真珠湾攻撃（通告の遅れ）の責任を押し付けることにしたことが、よく分かる。

歴史事実として「宣戦の大詔」は、真珠湾攻撃から八時間後に出されたのだから、本来、こんな問答はなり立たない。とにかく「東条が悪い」ことにするのであった。

同日付の『入江相政日記』には次の記載がある。「紐育《ニューヨーク》タイムズ記者クロックホーンの謁見、僅か五分間であったが非常に良い記事を本国に打電した由。その後　宮相、武官長拝謁、内大臣御召。午後四時よりユーピー社長ベーリーに賜茶《しちゃ》、これは二十分間終始　御なごやかで大変よい御工合であった由。これで先ず最初の心配はなくなり、二十七日の御行事が済めば全く一安心である。(注165)」

同日付ニューヨーク・タイムズ一面トップ記事の大見出しは「裕仁、記者会見で東条に奇襲の責任を転嫁(注166)」であった。

二〇〇六年七月二十六日付朝日新聞は「昭和天皇が海外記者と会見　宮内庁で文書控え見つかる」と報じた。

「終戦直後の四五年九月二十五日、昭和天皇が米国のニューヨーク・タイムズ記者とUP通信（現UPI）社長に会い、開戦の経緯や戦後の日本が目指す方向などについて回答した文書の控えが、宮内庁書陵部で見つかった。通告なしにハワイ・真珠湾を攻撃したのは東条英機元首相の判断だったとする説明が、事実と確認された」

6　天皇はマッカーサーとの第一回会見時「全責任を負う」と発言したか

公式記録にないマッカーサー発言

天皇は、このニューヨーク・タイムズ記者との会見二日後の九月二十七日、第一回のマッカーサーとの会見を行った。この時のこととして、育鵬社教科書④にあるように「天皇の言葉は、私の身はどうなろうと構わないから、国民を救ってほしいというものでした。マッカーサーは驚きます。『この勇気に満ちた態度は、私の骨のズイまでもゆり動かした』（『マッカーサー回想記』）」という物語が、まるで真実であるかのように宣伝されている。

しかし、二〇〇二年十月一日付朝日新聞夕刊に、外務省がやっと公表した公式会談記録が報道されたが、そこには「全責任を負う」という昭和天皇の発言は無かった。

通訳の奥村勝三によると、会見時間は午前十時から約三十七分、はじめの二十分は、マッカーサーが「相当強き語気を以て滔々《とうとう》と陳述したる」その後、

「陛下　この戦争に付いては、自分としては極力之を避け度い考えでありましたが戦争となるの結果を見ましたことは自分の最も遺憾とする所であります。

『マ』　陛下が平和の方向に持っていく為御軫念《しんねん》あらせられた御胸中は自分の充分諒察《りょうさつ》申上ぐる所であります。只一般の空気が滔々として或方向に向かいつつあるとき、別の方向に向かって導くことは一人の力を以てしては成し難いことであります。恐らく最後の判断は陛下も自分も世を去った後、後世の歴史家及び世論によって下さるるを俟《ま》つ他ないでありましょう。

陛下　私も日本国民も敗戦の事実を認識して居ることは申すまでもありません。今後は平和の基礎の上に新日本を建設する為私としても出来る限りの力を尽し度いと思います。

『マ』　それは崇高な御心持ちであります。私も同じ気持ちであります。

陛下　「ポツダム」宣言を正確に履行したいと考えて居りますことは先日侍従長を通じ閣下に御話した通りであります。

『マ』　終戦後陛下の政府は誠に多忙の中に不拘《かかわらず》、凡《あら》ゆる命令を一々忠実に実行して余す所が無いこと、又幾多の有能な官吏が着々任務を遂行して居ることは賞賛に値する所であります。又聖断一度下って日本の軍隊も日本の国民も総て整然と之に従った見事な有様は是即ち御稜威の然らしむる所でありまして、世界何れの国の元首と雖《いえども》及ばざるところであります。之は今後の事態に対処するに当り陛下の御気持を強く力付けて然るべきことかと存じます。

申上ぐる迄も無く、陛下ほど日本を知り日本国民を知る者は他に御座いませぬ、従って今後陛下に於れ何等御意見乃至御気付きの点（Opinions and advice）も御座いますれば、侍従長其の他然るべき人を通じ御申聞け下さる様御願い致します、夫れは私の参考として特に有り難く存ずる所で御座います。勿論総て私限りの心得として他に洩らすが如きことは御座いませんから、何時たりとも又如何なる事であろうと随時御申聞け願い度いと存じます。

（中略）

『マ』　先刻も申上げました通り今後何か御意見なり御気付きの点も御座いましたならば、何時でも御遠慮なく御申聞け願い度いと存じます。（会話はこれで終了）」

日本側の記録では

当日の『木戸日記』に見える天皇の発言は以下である。

「（※昭和天皇から）本日マックアーサーとの会見の際、マ元帥は『国民および政界の要人等につき一番ご承知なるは陛下なりと信ず。就いては今後も種々御助言を得たし』との意味の話あり、マ元帥は侍従長を以ってと云ひ居たるが、之は都合によりては自分が会ひてもよし、又内大臣が使ひしても宜しからんと思ふから、其積りで考へておくようにとのお言葉ありたり。尚、マ元帥は陛下が終始平和の為めに努力せられたるは十分判り居る旨先方より話し居りたり云々」(注167)

「私の身はどうなろうと構わないから、国民を救ってほしい」とか「私が全責任を負う」などとマッカーサーに言った、とは昭和天皇は木戸に話していない。二日後の同日記は、天皇の言葉を以下のように記録している。

「午前十時。御召により拝謁す。天皇に対する（※「最高戦争責任者＝戦犯として裁け」という）米国の論調につき頗《すこぶ》る遺憾に思召され、之に対し頬被りで行くと云ふも一つの行方《いきかた》なるが、又　更に自分の真意を新聞記者を通して明にするか　或はマ元帥に話すと云ふことも考へらるるが如何、との御下問あり。余はこれに対し、目下　米国の論調は評論家の言説が主にして、これは米国政府の論にもあらず、又　マ元帥の考へも決して如斯《かくのごとき》ものにあらず（中略）この際は陰忍《ママ》して沈黙被遊《あそばさ》ることが肝要と存ずる旨奉答す」(注168)

二日前に「私の身はどうなろうと構わないから、国民を救ってほしい」とか、戦争責任について「私は全責任を負う」といった人物が、二日後に、天皇を戦犯として裁けという「米国の論調につき頗る遺憾に思召され」るだろうか？　そして「頬被りで行く」のがいいか？　それともまた、ニューヨーク・タイムズ記者に会って責任は東条にある、という記事を流してもらったように「更に自分の真意を新聞記者を通して明にする」のがいいか？　それとも、マッカーサーに会って「自分には責任はない」というのがいいか？　三択の内どれがいいかねえ、などと木戸に「御下問」するだろうか？

木戸は「頬被りで行く」ことを勧め、天皇はそれを実行した。この頃、昭和天皇と側近は、天皇の戦犯訴追を避けるために、非常なエネルギーを使い全部、「東条のせいにしてしまう」という方針を実行していた。そういう時に、天皇が「私の身はどうなろうと構わないから、国民を救ってほしい」とか「私が全責任を負う」などとマッカーサーに言うわけはないのである。

十月二日付でロイター通信が配信した九月二十七日の二人の会談内容が「ボンベイ・タイムズ・オブ・インディア」に載っている。

「十月一日東京発。日本の内務省スポークスマンが、月曜日に語ったところによれば、マッカーサー元帥は、彼が『無事、とどこおりなく』日本の占領を遂行したことについて、天皇裕仁から直接に感謝の言葉を受けた。それに対してマッカーサーは、円滑な占領はまったく天皇のリーダーシップによるものであるとの考えを表明した。

そのあとは、マッカーサー元帥と天皇裕仁は連合国がとるべきさまざまな占領上の施策について話し合い、（中略）マッカーサー元帥は、日本の再建について天皇が行ういかなる提案も、喜んで聞くつもりである旨を述べ、もしもそれらが連合国の政策と一致するならば、可能な限りすみやかに必ず実行されるようにすると約束した。

『天皇は、戦争責任が誰にあるかについてマッカーサー元帥が何も言及しなかったことを格別心に感じた』とスポークスマンは述べた。『天皇は個人的意見として、最後の審判は後世の歴史家に委ねなければならないであろう』と述べたが、マッカーサー元帥は何らの論評もしなかった」（注169）

マッカーサー側近の記録

日本の内務省スポークスマンによれば、「天皇は、戦争責任が誰にあるかについて　マッカーサー元帥が何も言及しなかったことを　格別　心に感じた」のであった。

この会見からちょうど一カ月後の十月二十七日付で、マッカーサーの政治顧問アチソンが書いた覚書が米公文書館で見つかった。「マッカーサー元帥・アチソン氏会談覚書――対米宣戦の時刻設定に関して東条が天皇を詐《たばか》った（※Tojo Tricked Him）とする天皇の陳述」というテーマである。

「マッカーサー元帥が本日、私に語ったところによれば、天皇裕仁は、元帥を訪ねたさい（※一九四五年九月二十七日）、マッカーサーが待っていた大使館応接室に入ってきて、深ぶかとお辞儀した。両者が握手し、すわったあと、天皇は、米国政府が日本の対米宣戦布告を受け取る前に真珠湾攻撃を開始するつもりはなかったのだが、東条が自分をあざむいたのである、と述べた。天皇は責任を回避するためにそのようなことを口にするのではない、自分は日本国民の指導者であり、従って、日本国民の行動には責任があると語った（注170）」

マッカーサーが後年、「昭和天皇は『私の身はどうなろうと構わないから、国民を救ってほしい』『私が全責任を負う』と発言した」といったのは、このアチソン覚書にある「日本国民の行動には責任がある」という発言を誇大に膨らませ、ほとんど捏造してしまったものではないかと思われる。天皇は「真珠湾攻撃の責任は、私をあざむいた東条にある」という真っ赤な嘘を事実と前提した上で、ただ単に「監督責任はあった」、つまり、実質的には責任は無いと言っただけなのである。「私の知らないところで、部下が勝手にやってしまいました。知らなかったのですが、上司である私に監督責任はあります」と言えば、通常、相手は「知らなかったことに、責任はありませんよ」と言うものだろう。

昭和天皇が「私の身はどうなろうと構わないから、国民を救ってほしい」と言って降伏した、という真っ赤なウソの作り話は、前述したように「玉音放送」と同時に、八月十五日から日本人向けにはラジオ・新聞などで大々的に垂れ流されていた宣伝文句だった。しかし、マッカーサーとの会見についてのリアルタイムの記録には全く無いものである。

真実を語れない天皇

一九七七年八月二十三日の那須における記者会見で、昭和天皇は「(※一九四五年九月二十七日)マッカーサー司令官と、はっきり、これはどこにも言わないと約束を交わしたことですから。男子の一言の如きことは、守らなければならないと思いますから。今そういうことを私が話したということになると、その約束を破ったということになると思います。それでは世界に信頼を失うことになるので話せません(注171)」として、マッカーサーとの話の真実を公表することは拒否した。

戦犯指名を逃れるため、また、国民に「一身をなげうって国民を救った仁慈の人・無私の素晴らしい人」と思い込ませるため、真っ赤なウソを平気でつき続けた昭和天皇は、後述するように、現在、明らかになっている十一回に及ぶマッカーサーとの会見でも平気で日本国憲法に違反し、蹂躙する言動をしていた。正直に「そんなことは言っていません」と、真実の会見内容を自分から話すことなど、絶対にできなかっただろう。

そうでなければ、一方のマッカーサーが「こんなことを話した」と、すでに「男の約束」を破っているのだから、それがもし、本当だったのなら、「ええ、私はマッカーサーとの最初の会見の時『私の身はどうなろうと構わないから、国民を救ってほしい』『今度の戦争の全責任は私にある』と言いました」と言ったところで、何の問題も生じはしない。さすがの昭和天皇も言ってないことを「言った」というところまで、公開の場でウソをつくことはできなかっただけだろう。

木下道雄は『側近日誌』(注172)の一九四五年十二月十五日付で次のように書いている。

「御製を宣伝的にならぬ方法にて世上に洩らすこと、お許しを得たり。

終戦時の感想

爆撃に　たふれゆく民の　上をおもひ　いくさとめけり　みはいかならんとも

みはいかに　なるとも　いくさとめけり　ただたふれゆく　民をおもひて」

(※この後者の歌が育鵬社教科書の④である。他二首は省略)

「なんともヌケヌケと……」と、歴史事実を知っていれば誰でも思うだろう。三月の東京大空襲の「爆撃に　たふれゆく　民をおもひ」、八月になって「いくさとめけり」なのか？　三月、四月、五月の東京大空襲にも、沖縄地上戦にも、八月六日の広島原爆にも「ただたふれゆく　民をおもひて」「いくさとめ」ようとせず、ソ連参戦によって、これ以上戦争を継続すれば国体＝天皇制護持が危ういとなって初めて「いくさとめけり」。「いくさとめけり」が事実だったことを、ほとんどの民草は今も全く知らないことをいいことに……。日本政府とマスメディアの結託による「昭和天皇は平和主義者で、常に国民の幸福を祈念していた御仁慈の無私の人。国民とともに歩まれた生涯」宣伝により、二十一世紀の現在でさえ、ほとんどの日本国民は、この事実を知らないだろう。

この歌を「宣伝的にならぬ方法にて世上に洩らすこと」とは、「漏らす」という形でたいへん巧妙に宣伝、プロパガンダに使う、という意味である。育鵬社歴史教科書は、この宣伝・プロパガンダの手法を敗戦七十年後の今も、そのまま踏襲している。

昭和天皇も側近も巧妙な宣伝、プロパガンダがたいへん上手だったが、マッカーサーに対し、昭和天皇が本気で戦争の「全責任を私が負う」と発言したという事実は、存在しない。

しかし、このたいへん美しい真っ赤なウソの虚飾の衣をまとい、彼はあの世に旅立った。その衣が虚飾であることは、まともに史料を検討すれば、すぐにバレるものである。昭和天皇は、日本の「裸の王様」である……。そして、自分が「裸」であることを誰よりもよく知っていた王様であった。

7　天皇は「配給量を一般国民と同じにし粗末な食事をとっていた」か

豪華な食事

育鵬社教科書⑤は書いている。「敗戦前後の誰もが生活が苦しかったころ、天皇は配給量を一般国民と同じにせよと命じ、粗末な食事をとっていました」と。

そんな証拠は、どこにあるのだろうか？　確かに、昭和天皇自身が一九四七年六月三日の記者会見で次のように語っている。

記者「現在、遅配、欠配で食糧事情が悪く、陛下も代用食をおとりになっていると伺っていますが、どんなものをおあがりになっていますか」

天皇「いろいろなもの。うどん、すいとん、いもなど種々雑多な代用食を食べている」（注１７３）

しかし、天皇は「うどん、すいとん、いもなど種々雑多な代用食」だけ「を食べている」とは言っていない。

ジャーナリストのマーク・ゲインの『ニッポン日記』は敗戦九カ月後の一九四六年五月十九日、「米よこせ」大会のデモ隊の「代表が十二人、三時間ほど（皇居の）前門内に入」ったこと、「皇居内で見たことなどを報告した」と記録する。

「代表たちは、かわるがわる（中略）皇居内で見たことなどを報告した。彼等は台所を通って、天皇の台所道具や、電気冷蔵庫や、今夜の献立などを見てきたらしかった。『きみたちの今夜の晩飯は何だ？　諸君の台所には何がある？　ところがだ、天皇一家が今夜何を食べるか、まあきいてくれ！』

彼等は料理の名前を並べたてた。それらの皇室用の貯蔵庫から運ばれてきた食料品も――毎日の新鮮な牛乳、鶏、豚、卵、バター。

『天皇や役人どもはこんなものを食っているんだ。やつらに「腹が減った」という言葉の意味が分かると諸君は思うか？』」（注１７４）

一般国民は「敗戦前後の誰もが生活が苦しかったころ」「毎日の新鮮な牛乳、鶏、豚、卵、バター」が手に入っただろうか？　「毎日の新鮮な牛乳、鶏、豚、卵、バター」を使った「粗末な食事」とは、どんな食事だろうか？

第一、もしも、天皇が本当に「配給量を一般国民と同じに」し「粗末な食事をとっていました」なら、かの山口良忠判事のように「配給食糧のみを食べ続け、栄養失調で死亡した」（ウィキペディア）となっていただろう。

皇族の調理場

敗戦後の暴露雑誌と言われた『真相』が国会図書館にある。一九四六年七月一日発行の第四号に「皇族は何を食っているか――宮城デモ報告記――」が掲載されている。五月十二日の「米よこせ世田谷区民大会」の人々が宮城デモを行って「天皇の台所を拝見したい」といった。「通されたところは、天皇の台所ではなく、宮内省の皇族、高等官用の調理場であった。」「大ブリが、平目が貝が、その他の魚が冷蔵庫には一杯住んでいる。」「牛肉があるぞ。」「変なものがある。子供たちは魚の煮凝りを指して『変なもの』と云った。二人のおかみさんがこんな会話をしている。『配給ですかね』『もちろん闇ですよ』『天皇陛下が闇をなさるはずはありません』『宮内省ならできるだろう』『どういうルートで入ってくるのだろう?』。」「十四日御夕食、皇族十三方という食事献立表。」「その献立表を見て、あまりの豪華さ、余りのケンランさに驚き、かつはアキレテものをいう元気も、腹の立つ元気も、すべて消耗してしまったらしい。お献立とは『お通しもの』平貝、胡瓜、ノリの酢のもの。『おでん種物』まぐろ、ハンペン、ツミレ、大根わさび。『さしみ』まぐろ。『焼き物』『から揚げ』ヒラメ。『御煮付け』竹の子、ふき。『みそおでん』ねぎ、さといも。他、二品、なるほど、これでは二合一勺（※配給量）でも充分であろう。代用食で充分であろう。」

敗戦後、家を無くし仕事を無くし餓死していく国民が何人もいる中、親を失った浮浪児と呼ばれた子どもたちが何人も餓死していく中で、皇族は、こういう豪華な食事をとっていたけれど、天皇だけは「配給量を一般国民と同じにせよと命じ、粗末な食事をとっていました」のだろうか。

では、『芦田均日記』の一九四八年四月十三日の記載は、どうなっているか。「皇太后、両陛下、皇子皇女（※当時六人）……侍医が三十人、料理人が六十人という数。(注175)」つまり、天皇一家九人のための食事を料理する人が六十人もいたのである。本当に「配給量を一般国民と同じに」し「粗末な食事をとっていました」のなら、六十人もの料理人は全く必要がない。本当に天皇一家が「うどん、すいとん、いもなど（※国民と同じに）種々雑多な代用食を食べている」だけ、だったのなら、六十人のうち、たいていの料理人は暇を持て余して遊んでいたのではないだろうか。

天皇（皇族）は常に「御仁慈」の人物であり、常に「民をおもひ」「民と同じにしてくれ」という人物であり、公正で高潔な人格者である、というポーズ、美しい衣装をとまとわねばならない。なにしろ、終戦の詔勅において昭和天皇は宣言している、「朕は常に爾臣民と共に存り」と。

これをいかにもプロパガンダだと分かるような「宣伝的にならぬ方法にて世上に洩らすこと」をし、国民にも、それは本当だと思わせるように、巧妙にしくんだ宣伝を常に続けていかなければならない。「配給量を一般国民と同じに」し「粗末な食事をとっていました」とか、「うどん、すいとん、いもなど（※国民と同じように）種々雑多な代用食を食べている」などと……。

同じ日の新聞記事に

豊富な料理、明るいドライヴ

「常用漢字」は千三百字

公用語もこれ統一

浮ばれぬ「地下道行路病者」

上野駅、区役所、警察たらひ廻し

米西岸に百呎の大津浪

葉山で寛ぎの両陛下

ここに、一九四六年四月四日の朝日新聞がある。昭和天皇夫妻がその子どもたちと葉山の別荘に行き、海で楽しそうに波と戯れている家族写真である。その写真の左上には「浮かばれぬ『地下道行路病者』」という記事がある（上）。

「捨てたぼろぎれような死体、その地下道のもう少し先には両足を小きざみに震わせて喘《あえ》いでいる行路病者――こんな風景も〝浮浪者の巣〟上野駅では珍しいことではない」

野坂昭如の実体験に基づいて書かれた『火垂るの墓』の幼子たちが、なぜ、そうならなければならないのか、まるで分からないまま、虚しく餓死している時、昭和天皇は、どこで、爾ら「臣民と共にあ」ったのだろうか。

この時の、天皇一家の葉山別荘へのレジャー旅行については、どんな乗り物を使ったか、その理由は何かを木下道雄侍従次長は正直に書いている。のちに、自分の日記が公開されるとは、木下は考えたことはなかったようだ。

「四月一日、両陛下は宮廷列車にて、義宮及び三内親王は午後電車（一両特別列車連結）にて成らせらる。これ一つは遊山気分を国民に感ぜざらしむ為と、一つは自動車数の節約の為なり」(注176)

国民が、昭和天皇の決断で招いた戦火によって、家を失い、親兄弟を失い、食べるものもなく、餓死するものも珍しくなかった時である。天皇は「常に国民とともにある」「常に国民のことを思っている無私の御仁慈の人」と、宣伝し続けているのだから、別荘に遊びにいくにしても、絶対に天皇一家の「遊山気分を国民に感」じとられてはならない。そのため偽装工作もしたのであった。しかし、朝日新聞の紙面は、見事に、天皇一家の「遊山気分」と、路傍でぼろぎれのように餓死・病死しても、引き取り手のないまま上野駅、区役所、警察をたらい回しにされる「天皇の臣民」の死体を同一紙面に収めていた。編集者が意図したものではなく、偶然だと思うが……。

しかし、育鵬社教科書やマスメディアは、敗戦後七十年経っても、事実ではない真っ赤なウソで作り上げられ、美化された天皇（皇族も含め）像を、巧妙な、あからさまにはプロパガンダだと分かるような「宣伝的にならぬ方法にて世上に洩らすこと」を二十一世紀の現在も続けている。育鵬社教科書やマスメディアの報道は、歴史を偽造し、虚飾に満ちた昭和天皇像を作り上げ、未来の主権者を洗脳していく。

何のために、こういう昭和天皇の真っ赤なウソを宣伝拡散し続けるのか。なぜ、「裸の王様」に、永遠に「なんと、お美しい衣装でしょう」と言い続ける国民を作りたいのか。

注1　種村佐孝『大本営機密日誌』13頁　ダイヤモンド社　一九五二年
注2　同
注3　原田熊男『西園寺公と政局』第八巻　266〜277頁　岩波書店　一九五〇年
注4　『木戸幸一日記』(下)　794頁　以下同・略
注5　注1　16頁
注6　注1　27頁
注7　注4　821頁
注8　『日本外交年表竝主要文書』(下)　450頁
注9　「小倉庫次侍従日記」『文藝春秋』　二〇〇七年四月号　137頁
注10　注1　33頁
注11　注3　346頁
注12　注4　870頁
注13　木村鋭市『世界大戦と外交』　207頁　日本電報通信社　一九四一年
注14　注8　464〜465頁
注15　『杉山メモ』(上)　156頁　原書房　一九九四年
注16　同　157〜158頁

注17　注1　43頁
注18　同
注19　注15　169頁
注20　注4　854頁
注21　注15　227頁
注22　同231頁
注23　注8　531〜532頁
注24　注15　259〜260頁
注25　注1　69頁
注26　同71頁
注27　注15　284頁
注28　注4　895〜896頁
注29　同901頁
注30　注15　310〜311頁
注31　新名丈夫編『海軍戦争検討会議記録』28頁　毎日新聞社　一九七六年
注32　伊藤隆ほか編『高木惣吉　日記と情報』（下）557頁　みすず書房　二〇〇〇年
注33　『昭和天皇独白録』74頁
注34　注8　544頁

注35　注15　311頁
注36　第1部・注23　905頁
注37　注15　331頁
注38　同
注39　『戦史叢書　ハワイ作戦』101頁
注40　注4　914頁
注41　『平和への努力　近衛文麿手記』97～98頁　日本電報通信社　一九四六年
注42　注4　916頁
注43　富田健治『敗戦日本の内側』189～190頁　古今書院　一九六二年
注44　注41　100～103頁
注45　注4　917頁
注46　木下道雄『側近日誌』146頁　文藝春秋　一九九〇年
注47　注33　104頁
注48　注15　386～387頁
注49　同387～388頁
注50　同431頁
注51　『嶋田繁太郎大将　開戦日記』文藝春秋　一九七六年十二月号　362頁
注52　『戦史叢書　陸海軍年表』87頁

注53　注39　214頁
注54　注８　560〜561頁
注55　同562〜563頁
注56　須藤眞志『ハル・ノートを書いた男』174頁　文春新書　一九九八年
注57　『戦史叢書　大本営陸軍部　大東亜戦争　開戦経緯』（５）486〜487頁
注58　注15　535頁
注59　注４　928頁
注60　注39　302頁
注61　注51　368頁
注62　『文藝春秋』一九八七年四月号　加瀬俊一「高松宮の昭和史」128頁
注63　注15　543〜544頁
注64　第１部・注６　89〜90頁
注65　注９　165頁
注66　注39　309頁
注67　同305頁
注68　注15　565頁
注69　『戦史叢書　マレー作戦』199頁
注70　注39　329頁

注71　注69　257頁
注72　同
注73　同220頁
注74　注39　307頁
注75　平櫛孝『大本営報道部』51～52頁　光人社NF文庫　二〇〇六年
注76　注15　257頁
注77　千田夏光『天皇と勅語と昭和史』327～329頁に全文
注78　注4　933頁
注79　注33　84～85頁
注80　高橋紘『陛下、お尋ね申し上げます』140頁
注81　同187頁
注82　同212頁
注83　同216頁
注84　注9　156頁
注85　注4　944頁
注86　注80　140頁
注87　注4　946頁
注88　同949頁

注89　同　967頁
注90　『木戸幸一関係文書』128頁　東大出版会　一九六六年
注91　山田朗『昭和天皇の戦争指導』12頁　昭和出版　一九九〇年
注92　同　28頁
注93　注62　128頁　ただし『高松宮日記』には、この手紙についての記載はない。
注94　『戦藻録　宇垣纏日記』224頁　原書房　一九九三年
注95　『戦史叢書　大本営陸軍部』(5)561頁
注96　注9　168～169頁
注97　同　169頁
注98　『杉山メモ』下　410～411頁
注99　同　21頁
注100　同　24～25頁
注101　同　23頁
注102　『高松宮日記』第七巻　259頁　中央公論社　一九九七年
注103　細川護貞『細川日記』(上)179頁　中公文庫　一九七九年初版　二〇〇二年
注104　『戦史叢書　大本営海軍部・聯合艦隊』(6)21頁
注105　注9　177頁
注106　注102　502頁

注107　注104　36頁
注108　青木孝寿『松代大本営　歴史の証言』12頁　新日本出版社
注109　注4　1131頁
注110　矢部貞治編『近衛文麿』（下）529頁　弘文堂　一九五二年
注111　『細川日記』下　352〜353頁
注112　『高木海軍少将覚え書』227〜228頁　毎日新聞社　一九七九年
注113　藤田尚徳『侍従長の回想』66〜67頁　中公文庫　一九八七年　初版は一九六〇年　講談社
注114　東京空襲を記録する会『東京大空襲・戦災史』第1巻　20〜21頁
注115　同第4巻　332頁
注116　注112　176頁
注117　堀田善衛『方丈記私記』60〜61頁　ちくま文庫　一九八八年　単行本は一九七一年
注118　読売新聞社『昭和史の天皇』（1）319頁　中公文庫二〇一一年　新聞連載は一九六七年
注119　注113　87頁
注120　注112　180頁
注121　『戦史叢書　大本営陸軍部』（10）113頁
注122　注94　488頁
注123　同500頁
注124　『大田昌秀講演』15年戦争資料＠Wiki　http://www16.atwiki.jp/pipopipo555jp/pages/2594.html

注125　『戦史叢書　大本営陸軍部』(10)　211～212頁
注126　注112　228～229頁
注127　伊藤正徳『帝国陸軍の最後』(5)　124～125頁　光人社　一九九八年　単行本は一九八一年
注128　注9　187頁
注129　注121　371頁
注130　注8　615～616頁
注131　注4　1210頁
注132　注113　90～92頁
注133　注112　288頁
注134　注4　1213頁
注135　安仁屋政昭編『裁かれた沖縄戦』133～135頁　晩聲社　一九八九年
注136　太田英雄『父は沖縄で死んだ―沖縄海軍部隊司令官とその息子の歩いた道』23～24頁に全文　高文研　一九八九年
注137　注9　190頁
注138　注4　1216頁
注139　同1217頁
注140　注33　141～142頁
注141　注110　559～562頁

注142　注4　1220頁
注143　同1221頁
注144　注46　170頁
注145　注33　148頁
注146　注112　348頁
注147　注33　151頁
注148　『資料日本占領』（1）329頁　大月書店　一九九〇年
注149　注33　156頁
注150　ハーバート・ビックス『昭和天皇』（下）209頁　講談社学術文庫　二〇〇五年
注151　第1部・注7　157頁
注152　明治百年叢書『敗戦の記録』290頁　原書房　一九六七年
注153　ロベール・ギラン『日本人と戦争』427〜428頁　朝日新聞社　一九七九年
注154　竹山昭子『玉音放送』127〜128頁　晩聲社　一九八九年
注155　『新潮45』昭和六十一年五月号　67頁　橋本明「皇太子に宛てた『天皇の手紙』」
注156　正木ひろし『近きより』旺文社文庫5　286〜287頁　一九七九年
注157　『重光葵手記』541〜544頁　中央公論社　一九八六年
注158　東野真『昭和天皇　二つの独白録』81頁　NHK出版　一九九八年
注159　『続　重光葵手記』253頁　中央公論社　一九八八年

注160　粟屋憲太郎編『資料日本現代史』(2)324～325頁　大月書店　一九八〇年
注161　『資料日本占領1　天皇制』417頁　大月書店　一九九〇年
注162　河原敏明『天皇裕仁の昭和史』239頁　文春文庫　一九八六年　単行本は一九八三年
注163　注113　169頁
注164　『入江相政日記』第3巻　18頁　朝日文庫　一九九四年
注165　同20頁
注166　注161　507～511頁に全文掲載
注167　注4　1237頁
注168　同1238頁
注169　注161　517～518頁
注170　同520頁に全文掲載
注171　注80　257～258頁
注172　注46　77頁
注173　注80　45頁
注174　『ニッポン日記』358頁　ちくま学芸文庫　一九九八年
注175　『芦田均日記』第二巻　95頁　岩波書店　一九八六年
注176　注46　182頁

第3部　日本国憲法制定後の天皇

第1章　天皇と日本国憲法

1　天皇の戦争責任免罪のため、日米政府は嘘で固めて敗戦後を出発した

米の天皇免罪のシナリオ

一九四六年十月一日、マッカーサーの軍事秘書フェラーズ准将から、マッカーサー宛に覚書が提出された。

「天皇が戦犯として訴追された場合の弁護をどうすべきか」

検討「宣戦の詔書に天皇が自発的に署名したのなら、彼を有罪とするに十分である。しかし、これが自発的な行動でなかったのであれば、天皇は抗弁することができる。その主張を立証する責任は天皇自身にある」

結論「詐欺、威嚇あるいは強迫《ママ》によって不本意な行動をとらざるを得なかったという事実を天皇が立証できれば、民主的な裁判所で有罪判決が下されることはない」

勧告「(a)占領を平和的に進めて日本を順調に回復させ、革命と共産主義を防止するため、宣戦の

詔書の作成とその後の天皇の立場をめぐる事実のうち、詐欺、威嚇あるいは強迫《ママ》が行われていたことの証明になる事実をすべて収集すること。
(b)もし上記の事実が抗弁を十分に立証するに足るものであれば、天皇が戦争犯罪人として訴追されるのを阻止すべく積極的な措置を講ずること（注1）」

敗戦のほぼ一年前、一九四四年八月二十九日付でフェラーズが米軍司令部内心理作戦部に提出した論文には、次のようにあった。

「天皇として、そして国家元首として、裕仁は戦争責任を免れない。彼が太平洋戦争に加担した人物であり、戦争の扇動者の一人と考えねばならない。彼が指導者として認めた東条が、政府を完全に掌握したのである。天皇の支持を得て、この狂信的な指導者は、あらゆる狂気じみたことを行うことができたのである。」「日本人が天皇に背くということ考えられない。」しかし、「天皇を退位させたり、絞首刑にしたりすれば、すべての日本人の激しい暴力的反発を招くだろう。日本人にとって天皇が絞首刑にされることは我々にとってキリストが十字架にかけられることと同じである。悪質な軍人の立場は限りなく強まるだろう。この戦争は極端に長引き我々の損害も必要以上に増えるだろう（注2）。」「しかるべき時に、天皇及び国民と悪質な軍国主義者どもとの間にくさびを打ち込むべきである。」

一方でGHQは、ポツダム宣言で日本政府が受け入れた日本の民主化のため、一九四五年十月四日、治安維持法廃止、政治犯釈放、内務大臣・特高警察罷免、天皇制についての自由な論議を指令した。これではやっていけないとして翌日、東久邇宮内閣は総辞職し、九日、幣原喜重郎内閣が成立した。

一九四五年十月十日、徳田球一、志賀義雄ら共産党の政治犯が釈放され、「人民に訴う」を発表した。その中に「天皇制打倒」のスローガンがあった。

十一日、マッカーサーは幣原喜重郎首相と会談し、五大改革を指令する。「男女同権、労働組合の結成奨励、教育の民主化、経済の民主化、秘密警察の廃止」である。これは、基本的人権の保障の無い、女性という言葉も無い、教育という言葉も無い、平等という言葉も無い、民主主義ではない大日本帝国憲法下では、できることではない。当然、憲法の改正が示唆された。

十一月三日の『細川日記』には、次のような記載がある。

「牛場氏（※）が、昨日、フェラー准将を訪問したる処、フェラー氏は公（近衛）が東条に対し、御上を戦争責任に陥入るることのなき様、注意せられては如何と好意的に注意したる由。フェラー氏によれば、米国輿論は陛下の責任につき強硬にして、陛下を死刑にすべしとの論が三十余パーセントある由。従って若し東条がパールハーバーのことにつき、陛下に不利なることを陳述せば、陛下も亦《また》責任者とならせらるることあるべしとなり。（※牛場友彦は近衛文麿の側近）

米国輿論は東条を殺人罪（一般）として取り扱う積もりなりと。即ち宣戦前の攻撃なればなり」（注３）

日本の天皇免罪のシナリオ

天皇の側近たちは、様々なルートでマッカーサーの側近たちと情報交換を行い、いかにしてマッカーサーの占領統治に役立つ天皇を免責するかを話しあい、協力しあっていた。

そこで、十一月五日、幣原内閣は、国民には全く秘密のうちに「戦争責任に関する閣議決定」を行った。

「戦争責任等に関する件

第一、一般通則

左の諸点に準拠し之を堅持すること。

(1)大東亜戦争は　帝国が四囲の情勢に鑑み　已むを得ざるに出でたるものと信じ居ること。(※「日本は自衛の戦争をしたのだ」と、敗戦前と同じ真っ赤なウソをつき続けることを日本政府は決定した。これが、育鵬社歴史教科書の基本にある。)

(2)天皇陛下に於かせられては　飽く迄　対米交渉を平和裡に妥結せしめられんことを御軫念あらせられたること。(※『御軫念』とぼかしているが、昭和天皇は「対米交渉を平和裡に妥結せ」よ、と命じた事実はない。これも、ウソである。これが、育鵬社歴史教科書の③である。)

(3)天皇陛下に於かせられては　開戦の決定、作戦計画の遂行等に関しては　憲法運用上　確立せられ居る慣例に従はせられ、大本営、政府の決定したる事項を却下遊ばされざりしこと。(※これも、真っ赤なウソであることは、『杉山メモ』、『木戸日記』等、現在、公刊されている史料だけからも明らかである。育鵬社歴史教科書の③)

(4)(略)

(5)宣戦の大詔は　主として　国民を対象とする対内的のものなること。

（※昭和天皇が国民に与えた「宣戦の大詔」には、「朕　茲に　米國及英國に対して戰を宣す　朕が陸海将兵は　全力を奮て交戰に従事し　朕が百僚有司は　勵精職務を奉行し　朕が衆庶は各々其の本分を盡し　億兆一心國家の總力を擧げて　征戰の目的を達成するに遺算なからんことを期せよ」と書いてあった。しかし、東条がこれを勝手に対外的に英米に使ったために戦争になったものなのであって、昭和天皇は、そのように東条がこの「宣戦の大詔」を使って本当に戦争するとは思っていず、「朕が陸海将兵」と「朕が百僚有司」と「朕が衆庶」に対英米戦争をしなければならなくなった理由を説明しただけの対日本国内向けだけに出されたものなのである。天皇には、この「宣戦の大詔」を対外的に使って英米と戦争する気は本当はなかったのである。——ということか。）

（6）（略）

第二、細則

一　陛下に関する説明

(1) 飽く迄　日米交渉の円満妥結方を　政府に御命令あらせられ　最後の段階に至る迄　之を御軫念あらせられしこと。（※前記したように、そんな「御命令」は存在しない。）

(2) 開戦の決定、作戦計画の遂行等に付ては統帥部、政府の決定したるものを　憲法上の慣例に従はせられ　之を却下遊ばされざりしものなること。（※前記(3)）

(3) 真珠湾攻撃以前に於て　海軍幕僚長より初期作戦の大綱に付きては聴き及ばれたるも実施細目に関しては報告を受け居られざりしこと。（※真っ赤なウソであることは本書56～61頁に明らか。）

(4)（略）

(5)宣戦の詔書は昭和十六年（一九四一年）十二月八日午前十一時三十分　御署名相成られたこと。
（ただし右詔書は　国民に開戦が已むを得ざるに出でたるものなることを　御垂示相成られんが為のものにして、主として国内的意義を有するものとなること）」（注４）

この閣議決定の根幹が事実ではないこと、すなわち、真っ赤なウソであることは、開戦経緯を見れば明らかだろう。日本政府は昭和天皇の下、侵略戦争などしていない、自衛戦争であった、天皇は立憲君主であったなどという真っ赤なウソで固めて彼には戦争責任は無いことにして、敗戦後の出発をしたのであった。そして、大部分の国民は、自国の侵略戦争の真実とともに昭和天皇が「自分には戦争責任は無い」と真っ赤なウソを吐き通したまま死去したという真実を、敗戦後七十年経て今日もなお、知らないままでいる。

一九四五年十一月八日の『側近日誌』（木下道雄）には次の記載がある。
「朝食の時、中村武官より内話を聴く。陛下の戦争御責任について、
一、戦争準備。
二、艦隊の展開。
三、艦隊の任務。
四、外交交渉成立の場合、艦隊の引き上げ。
五、開戦の時期。
六、実戦に先立ち宣戦のこと。
一～五については御命令もあり、これを御承知になり居たるも、六については実戦に遅るること

40分、これは打電翻訳に時間を要したるによる。要するに戦争について御責任あり。即ち一国の統治者として、国家の戦争につきロボットにあらざる限り御責任あることは明なり。ただし真珠湾攻撃については、即ち実戦をもって宣戦に先立つことについては、御承知なきこと、予期もし給わぬことなりと(注５)」

昭和天皇は、軍部の「ロボットにあらざる」こと、政府の「ロボットにあらざる」こと、つまり、天皇は立憲君主ではなかったこと、天皇は政府官僚、軍事官僚とよく打ち合わせた上、自分の意見と同じになるまで提案を修正させ、誰にも掣肘《せいちゅう》されずに、統治権の総覧者・大元帥として自分の意志で「御命令」を出していたことを、天皇の近くにいたものは誰でもよく知っていた。つまり、昭和天皇に戦争の「御責任あることは明なり」であることを、天皇の近くにいたものは誰でもよく知っていたのである。

しかし、国体＝天皇制護持のためには、天皇には責任がないことにすること、即ち、日本政府が先頭に立ち国家の組織を挙げて、真っ赤なウソをつきとおすことにしたのである。育鵬社教科書は、それを、真実として子どもたちに刷り込んで洗脳するための教科書である。

一九四五年十一月二十日には、ドイツでナチスを裁くニュルンベルク法廷が開廷した。十二月二日、梨本宮が戦犯に指名され、五日には、近衛文麿と、天皇に最も近かった側近の木戸幸一に逮捕指令が出され、十六日の出頭を指示された。当日、近衛は服毒自殺を遂げた。

2　天皇は共産党が嫌いだが、右翼は気に入っていた

十一月二十六日の『側近日誌』には、当時、十二歳の皇太子（現明仁天皇）と昭和天皇との興味深いやりとりがある。

10時20分、御召し、拝謁。

一、昨日東宮参内の節、朕に対して質問あり（これは東宮が新聞を読まれた結果なり）。

a　共産党は取締りを要せずや。
　お答　以前は治安維持法によりて取締たるが、これは却って彼等を英雄化する事になる。取締らずとも有力化する虞なし。

b　（略）

c　共産党が議会にて有力化するにあらずや。
　お答　新聞には色々書くも、有力団体となるとは思わず。（注6）

天皇父子やその一族にとって「共産党」ほど、怖いものはなかったのだろう。十一月二十九日の『側近日誌』は次の記載がある。

1時50分、聖上に拝謁。

一、本日　拝謁せらるる歴代山稜への御代拝の七宮（高松、三笠、賀陽若宮、閑院、竹田、東

久邇若宮、朝香の各宮）に対せられ、御思召しを伝えらるるを可とする旨　申上げたる所、
（イ）敗戦は朕の不徳の致す所なり。お詫び申し上ぐること。
（ロ）新日本建設の為に神助あらんこと。
を、朕に代わりて為すべきことを伝うる心算なり。（注7）

昭和天皇は、一九八九年に死去したが、ついに、一度も、自身の戦争責任は認めなかった。日本肇国《ちょうこく》以来の未曾有の犠牲者、三百十万人の国民（朝鮮、台湾出身者を含む）を殺し、彼らを愛していた何倍もの人の運命を狂わせたが、国民に対しては、ついに一度も「お詫び申し上ぐる」ことはなかった。一度、国民への謝罪の文面の入った勅語を出す案もあったようだが、実行されることはなかった。しかし、昭和天皇は自分のご先祖に対しては、誰に言われずとも、敗戦責任だけは認めて「お詫び申し上ぐること」を何度か行っている。

十一月三十日の『側近日誌』には、「4時20分、御召により吹上にて拝謁。

一、午後　石渡（宮内大臣）の司法大臣（岩田富造）より聴きたる所によれば、Wireless 傍受の結果、支那側提出（※戦争）犯罪人は十名位の由、其の人名を調査せよ（注8）」とあり、当然であるが天皇は「戦争犯罪人」に、たいへん、敏感であったことが分かる。

十二月一日の『側近日誌』には、「御茶の時は主として対Ｍａｃ司令部関係のことなり」とあり、天皇が戦犯とされないよう、常に「対Ｍａｃ司令部関係」には目配りを怠らなかったことが分かる。

十一日の『側近日誌』には、「Christmas に MacArthur 夫人に花とお人形か何か、及び小児に

なにかPresents御贈りの御許を得。外務省を通じて向こうの意向を質す積り。これは大金次官に返事を要す(注9)」と、マッカーサー夫人と息子にまで、たいへん、濃やかに気を遣っている。

四日の『側近日誌』からは、梨本宮が戦犯指名されたことで、後に『昭和天皇独白録』と呼ばれる、東京裁判対策としての昭和天皇の弁明書作りが始まったことが分かる。

10時30分~11時、聖上に拝謁。（梨本宮関係の記述、略）

尚、戦争責任者について（※天皇から）色々御話あり。右は非常に重要なる事項にしてかつ外界の知らざる事あり。御記憶に加えて内大臣日記、侍従職記録を参考としてひとつの記録を作り置くを可と思い、右御許を得たり。松平内記部長を相手とし、余自ら作成の考えなり(注10)。

二十一日の『側近日誌』によると、右翼の田中清玄《きよはる》が、天皇に忠誠の誓を立てている。

2時20分~2時40分、生研に於て、次官の誘引により来りたる田中清玄氏、聖上に謁す。侍従長及び予、次官、陪席。

これは従来にない破格のことである。田中は元来　共産党の巨頭の一人にして、十年の刑を終えて出獄、転向したる物。（中略）終戦後、米軍相手の土木事業に乗り出したるものなり。共産党相手に戦わんとする気構え、七生報国を聖上に誓い奉る。彼としても今日は一生涯の記念ならん(注11)。

こうした天皇・側近との結び付きのおかげで、右翼田中清玄は莫大な利権を得ている。「上海北方の港に米穀八百万石あり。Ｍａｃ司令部にてはこれを誰かに輸入せしめんとす。船は、三十隻借す、資金一億位を要す、裏付けの荷としては紡績機械を司令部にて世話すと。誰か人なきかとの事につき、田中清玄君を推薦し置く。(注12)」

３　天皇バンザイ教カルト信者は、平然と真っ赤なウソを公表した

側近が書いた嘘

天皇の側近、木下道雄は重大な嘘を一九六七年に公刊した『宮中見聞録』に書いている。「昭和天皇の戦争責任」問題である。

「天皇とその御責任

敗戦による国内秩序の混乱、また戦時中の統制が解除されたのを機とし、言論の自由は目にあまるものがあった。殊に天皇の御責任を追及する論説には、なかなか鋭いものがある。陛下は新聞をよくお読みになるから、これらの論説の横行は、よくご存知であるが、どういう訳か、天皇の戦争責任に関する論議にだけは、一言もおふれにならないで、避けよう避けようとなさる。何かのはずみで、話題が天皇の責任論に近づく様子が見えると、すぐ話題をかえておしまいになる(注13)」

彼の日記には前記したように、昭和天皇が「支那側提出（※戦争）犯罪人は十名位の由、其の人名を調査せよ」と命じたことや、梨本宮が戦犯指名され「尚、戦争責任者について（※天皇から）

色々御話あり」だったことや、何より、彼が発案して後に『昭和天皇独白録』と呼ばれる、東京裁判対策としての昭和天皇の弁明書作りに大いなる情熱を昭和天皇ともども注いでいたことが書かれている。木下の前で、昭和天皇が「どういう訳か、天皇の戦争責任に関する論議にだけは、一言もおふれにならないで、避けよう避けようとなさる」なんて事実は、全く無かったことを木下はリアルタイムで記録していた。

なぜ、木下は、いわずもがなの、こんな真っ赤なウソを書き公表することにしたのか。それは、例の第一回天皇・マッカーサー会談における「私は全責任を負う」という天皇発言が、種々の資料からあったはずはない、と言われるようになったため、「いや、あったのだ」と補強するためではないだろうか。

前記に続けて、木下は書いている。

「マッカーサー元帥とのご会見の真相

昭和三十年の九月十四日の朝、何気なく読売新聞を開いて見たら、その第二面に大きな見出しで『天皇陛下を讃えるマ元帥』という重光外務大臣の手記が掲載されていた。これを読んでいるうちに、私の胸の内には感謝感激の情が潮のように高鳴ってきた。それは、終戦以来、私が心ひそかに、求めに求めていた、あるものを、遂に発見したからである。

それは何であったか。これは、日本にとって、最も大事なことだが、日本に憲法があるとなしとに拘らず、また、憲法が天皇の御地位に関して、いかような規定を設けようとも、天皇は、日本国民の運命に関しては、皇祖皇宗に対し、更にまた上天に対し、絶対の責任を自覚せらるるおん方である、とする私の考え――少なくとも数年間、側近に奉仕した私としては、かく考えざるを得ない――が、現に正確な史上の事実として、ここに明らかになったからである」

「昭和三十年の夏、時の外務大臣重光葵氏が用務を帯びて、米国に赴くことになり、出発に先立ち、お暇乞いのため、那須の御用邸に伺候して、陛下にお目にかかった。この時、陛下は重光外相に、一つのご伝言を託された。それはニューヨークにいるマッカーサー元帥に対する、陛下の御挨拶の御言葉であった。

そこで重光外相は、九月二日の朝、ニューヨークで、加瀬国連大使を伴ってワードルフ・アストリア・ホテルにマ元帥を訪問し、陛下の御言葉を伝えた次第であるが、この時、重光氏はマ元帥の口から、従来厳秘に付せられていた昭和二十年九月二十七日、陛下対マ元帥、第一回御会見の内容を初めて聴かされた次第であった」

「(※マッカーサーは言った)陛下は、戦争責任の問題を自ら持ち出され、(※マッカーサーに)つぎのようにおっしゃいました。これには実にびっくりさせられました。すなわち『私は、日本の戦争遂行に伴ういかなることにも、また事件にも全責任を取ります。また私は、日本の名においてなされた、すべての軍事指揮官、軍人および政治家の行為に対しても直接に責任を負います。自分自身の運命について貴下の判断が如何様のものであろうとも、それは自分には問題でない。構わずに全ての事を進めていただきたい。私は全責任を負います。』

これが(※一九四五年九月二十七日にマッカーサーに語った)陛下のお言葉でした(注14)」

マッカーサーは、日本占領統治を大成功させてアメリカに凱旋し、大統領選に出るつもりでいた。

絶対的協力を申し出ていた昭和天皇の免責に懸命になった理由だった。しかし、マッカーサーのその野心は実現しなかった。候補にすら立候補できなかった。

しかし、「自分が絞首刑から救ってやった男」は、立派な崇高な人物でなければならなかったのではないだろうか。だから、実際に「私は責任がある」と天皇が語っていたとしても、その内実は「東条が私を騙して戦争になったが、私には監督責任がある」程度の外交辞令のご挨拶言葉だったそれが、「私は全責任を負う」といった崇高なる人物に、マッカーサーの頭の中で成長していったのではないだろうか。それを日本人の政治家に話すと、手もなく感動し喜んでくれるから、今やなんの役職もなく、することもなく、過去の栄光のみが生きがいの老人は、サービス精神を発揮したのではなかろうか。

側近たちの判断力

一九六一年に出版された藤田尚徳『侍従長の回想』にも、次のように書かれている。「(※一九四五年九月二十七日、昭和天皇はマッカーサーに)敗戦に至った戦争の、いろいろの責任が追及されているが、責任はすべて私にある。文武百官は、私の任命する所だから、彼等には責任はない。私の一身は、どうなろうと構わない。私はあなたにお委せする。この上は、どうか国民が生活に困らぬよう、連合国の援助をお願いしたい(※と言った)。」

「(※これに対してマッカーサーは)かつて、戦い敗れた国の元首で、このような言葉を述べられたことは、世界の歴史にも前例のないことと思う(※と天皇に言った)」(注15)

藤田の場合は、一九五五年の、この新聞に載った重光の記事や、敗戦と同時に、昭和天皇が「自分の身はどうなってもいいから国民を救って欲しい」と言って降伏を聖断したと大宣伝されたことが頭に入っていて、こういう記述になったのではないだろうか。藤田が当時、日記をつけていたとして、そういう記事が存在しただろうか。

実際、天皇バンザイ教カルトとも言うべき人は、天皇に関する限り、判断力が普通ではなくなるようなのである。前記のように、自分の日記に記録しておいたこととは正反対の嘘を公刊していた木下道雄の『側近日誌』には、次のような記載もある。

「（※天皇は）開戦当時より既に敗戦を御覚悟あらせられたりと承り、実に陛下をしてかかる苦境に起き参らせたる我々の不覚、なんとも、申訳なし、常侍官室に退いて独り暗涙にむせぶ」(注16)

もしも、昭和天皇が本当に「開戦当時より既に敗戦を御覚悟あらせられたり」だったとしたら、──木戸日記や杉山メモ、高松宮日記その他のリアルタイムの史料を見る限り、そんな事実はなかったように思われるが──もし、それが本当に事実だったとしたら、これは、信じられないくらいの、天皇による極度の大犯罪ではなかろうか。

「開戦当時より既に敗戦を」思いながら、国策・軍事の最高決定権者が、その敗戦するに決まっている戦争に国民（朝鮮・台湾出身者を含む）を強制的に駆り出し、ズルズルと戦争を続け、敗戦に次ぐ敗戦にもかかわらず、本当に「開戦当時より既に敗戦を」覚悟していた近衛や高松宮が早期和平を提案しても、なお、「もう一度戦果をあげてから」と和平に耳を貸さず、三百十万人を殺すにまかせていたことになる……だとしたら、昭和天皇こそは、もっとも許すべからざる最悪の大戦争犯罪者ではないか、と普通の判断力があれば、考えられるだろう。

しかし、天皇バンザイ教カルトの人々は、客観的に判断することができない。ひたすら、臣たちが悪いと涙にむせぶ――「付和雷同」の臣たちも悪いのは絶対に確かであるが――こういう精神構造の持ち主たちが支配層を構成している国は、美しい国どころか、恐ろしい国ではないだろうか。

4 天皇はアメリカの占領統治に役立つ協力者として免罪された

米政府は知っていた

敗戦翌年の一九四六年一月四日、ジョージ・アチソン駐日政治顧問代理からトルーマン大統領宛に報告書が提出された。「私は天皇は戦争犯罪人であると信じていますが（連合国の一部もそう主張するでしょう）、日本国民の中にさえ、戦争を終結させるだけの力が天皇にあったとすれば、彼には未然にそれを防止する権限もあったのだ、と主張する人もいるほどです。したがって私は、仮りにも日本を民主化しようとするのであれば、天皇制は消滅させなければならないという持論を変えていません。しかし、（中略）日本を統治し、諸改革を実行するため、引きつづき、日本政府を利用しなければならず、したがって、天皇が最も有用であることは疑問の余地がありません。官吏や一般国民は天皇に服従しています。天皇は、我々の全般的目的の遂行に協力しようとすることによってはっきりと誠実さを示しており……。」（後略）(注17)

つまり、昭和天皇が戦争犯罪人であることは明らかであり、日本を本当に民主化するには、こういう戦争犯罪を引き起こした「天皇制を消滅させなければならない」が、日本の占領統治を成功させるというアメリカの国益を考えれば、それへの協力を卑屈なまでに誓っている「有用」な天皇を残して、利用できる限り利用したほうが良い、ということである。つまり、真実と正義、日本の真の民主化よりも政治的利益を選ぶ方が国益のためには大切だ、とマッカーサーを含むアメリカの支配層は考えたのである。

マッカーサーの極秘電

しかし、一九四六年一月九日にはオーストラリアが、連合国戦争犯罪委員会に天皇を含む日本人の主要戦争犯罪者リストを提出した。二十五日、マッカーサーは、陸軍参謀総長アイゼンハワーに極秘緊急電を打つ。

「過去一〇年間に、程度はさまざまであるにせよ、天皇が日本帝国の政治上の諸決定に関与したことを示す同人の正確な行動については明白確実な証拠は何も発見されていない。可能な限り徹底的に調査を行った結果、終戦時までの天皇の関わり方は、大部分が受動的なものであり、輔弼者の進言に機械的に応じるだけのものであったという、確かな印象を得ている。たとえ天皇が明確な考えを持っていたとしても、支配的な軍閥によって操られ、かつ代表されている世論の流れをさえぎろうとしたならば、そのような努力は実際上、天皇をたぶん危難に陥れたであろう、と信じる人々もいる。もしも天皇を裁判に付そうとすれば、占領計画に大きな変更を加えなければならず。それゆえに、実際の行動が計画される前に、しかるべく準備を完了しておくべきである。

天皇を告発するならば、日本国民の間に必ずや大騒乱を巻き起こし（中略）天皇は、日本国民統合の象徴であり、天皇を排除するならば、日本は瓦解するであろう。実際問題として、すべての日本国民は天皇を国家的首長として尊崇しており、正否のほどは別として、ポツダム協定は、彼を日本国天皇として擁護することを意図していたと信じている。したがって、もしも連合国が「それに反した」措置をとるならば、日本国民は、これを史上「最大の」……背信行為とみなすであろう。（中略）大衆は、おそらく共産主義的路線に沿った何らかの形の厳しい画一的管理を志向するようになるであろう。このような事態は、現在抱えている問題とはまったく異なる占領上の問題を生むことを意味し、占領軍の大幅増強が絶対不可欠となるであろう。最小限に見ても、おそらく一〇〇万の軍隊が必要となり、無期限にこれを維持しなければならないであろう。それのみならず、行政官を全面的に補充し（中略）おそらく数十万に達するであろう（注18）」

一月三十日、二月二十六日から活動を始める予定の極東委員会の発足準備のため「極東諮問委員会」委員がマッカーサーと会見して、日本の憲法改正の進捗状況を聞いた。極東委員会の任務は「日本国が遂行すべき義務の基準作成および審議、最高司令官の占領軍に対する指揮と日本における管理機構の尊重（注19）」などである。ここが本格的に活動を始めれば、マッカーサーは、その日本統治に制限を受けることになる。

天皇を占領統治に利用するためには、戦争犯罪人にしてはならない。そうなると、早く、日本に新しい憲法を作らせなければならない。

5　憲法第一条と第九条は天皇制を守るためのワンセット

天皇制を守るために軍隊廃止

大日本帝国憲法とほとんど変わらない幣原内閣の松本試案が、一九四六年二月一日、毎日新聞にスクープされた。三日、マッカーサーは「象徴天皇、戦争放棄、封建制の廃止」の三原則で日本の憲法案を作るよう、ホイットニーGHQ民政局長に指示した。天皇制を残しても、政治権力を持たせず、軍隊もなければ、日本軍国主義は復活する余地がなくなる。その場合、極東委員会も、口を出せなくなるだろう。

二月二十六日から極東委員会が活動を始めるのだから、ことは急を要する。十三日、GHQは、新憲法案を幣原内閣に提示した。その時のホイットニーの言葉は次のようなものだった。

「あなた方がご存じかどうか知りませんが、最高司令官は、あなたがたの天皇を戦犯として取り調べるべきだという、次第に強くなりつつある外圧から天皇を守ろうという決意を固く保持してきました。（中略）しかしみなさん、最高司令官は万能ではありません。とはいえ、最高司令官は、この憲法の諸規定が受け容れられるならば、天皇は事実上　安泰になると感じています(注20)」

「マッカーサーが直面した課題は、極東委員会が実質的な活動を開始する前に、ポツダム宣言の要請を満たし、なおかつ天皇制の存続を可能にするような憲法案を公の討議にかけることであった(注21)」

つまり、マッカーサーは「天皇制を残しても、軍隊を持たせないから絶対に日本軍国主義が復活

「『陛下』に退位の叡慮」（讀賣報知）

することはない」と極東委員会の委員たち、他の連合国に納得させる必要があったのである。

皇族一致の天皇退位

日本政府がパニックになっている時に、さらに、もうひとつ、爆弾が落とされた。二月二十七日、『讀賣報知』が「御退位をめぐって　皇族方は挙げて賛成　反対派には首相や宮相　宮廷の対立明るみへ」という見出しを掲げた記事を一面トップ（当時は紙不足で裏表二頁だけだが）で報じたのだ。ＡＰ通信東京特派員ラッセル・ブライアンズが、「宮内省某高官」と会見して聞いた、という。この某高官は東久邇宮である。

「宮内省の某高官によれば、天皇自身は適当な時期に退位したいとの御意志を洩らされている。これは――もし御退位が実現するとして――天皇が御自身で自己の戦争責任を引き受けるためであって、決して、在位中に万一ありうる戦争犯罪容疑者としての逮捕に先手をうとうとされるためではない。退位に賛成するものは、天皇は戦争に対し〝道徳的、精神的な〟責任があるとしている」

天皇バンザイ教カルト信者ではない「皇族方」は、昭和天皇が軍部・政府のロボットなどでは全くなかったことをよく知っていた。彼らは、昭和天皇が自分の意志で、統治権の総覧者たる元首にして大元帥、すなわち、国務・軍事の最高決定権者としての権能を十分行使していた事実を、よく知っていた。彼らは、昭和天皇が「戦争犯罪容疑者としての逮捕」もあって不思議ではないことをよく知っていた。最高決定権を持ち、それを自分の意志で行使したものには、法治国家ならば最高責任が課せられることを彼らは、知っていた。

同日の枢密院会議の様子が、芦田均（当時厚生大臣）の日記に書かれている。

「これは蓋《けだ》し前代未聞のことであろう。（中略）三笠宮が起上がって紙片を披《ひら》かれた。（中略）現在天皇の問題について、また皇族の問題について種々の議論が行われている。今にして政府が断固たる処置を執られなければ悔いを後に残す虞ありと思う、旧来の考えに支配されて不徹底な措置をとる事は極めて不幸である、との意味であった。聞く人は皆　深い思に沈んだ顔色をしていた、陛下の今日の御様子は未だかつてない蒼白な、神経質なものであった（注22）」

末弟の三笠宮も、昭和天皇が統治権の総覧者・大元帥として、仕事をきちんと遂行していたこと、つまり、対英米戦争に対し、最高決定権を行使して開戦を聖断し、戦争継続を聖断したことをよく知っていた。昭和天皇が顔面蒼白になったのは、三笠宮がこの枢密院会議で「退位すべきだ」というような発言をしたからではないだろうか。「この場で三笠宮が天皇の退位を示唆した可能性が強い（注23）。」

上記記事によると昭和天皇自身の当時の言動はこうだった。「天皇御自身このような論争（※戦争責任をとって退位すべきか否か）を承知されているとのことである。終戦の詔勅を放送された直後、陛下は側近にむかって戦争の〝責任は十分とるつもりだ〟と語られたというが、またあるとき陛下は『もう国民のためになることならば朕はどうなろうともかまわない』と仰せられたともいう。」

しかし、「（※一九四五年十月五日の東久邇宮内閣）総辞職後まもなく　同殿下は陛下との御会見において皇族の御身分の放棄を申出られ　かつ　御退位を提案されたが　当時〝時期がまだ熟していない〟との理由で両提案とも採用にならなかったという。」

三月二日、オーストラリアの検事マンスフィールドは、天皇を含む戦犯リストを被告選定用に提出した。

五日の『側近日誌』を見てみよう。

「夕刻、幣原首相、松本国相、拝謁。同時に内閣木内副書記官長来室。（※憲法改正の）勅語案を持参す。事　重大なり。よって、直ちに大臣・次官の登庁を求め、七時両人来室。さらに退出の両大臣の来室を求め　事の詳細を聴く。

右は憲法改正のことながら、かくも急なるは、先日出た読売記事、これは東久邇宮が外人記者に談《かた》られた御退位の問題に関すること。即ち、天皇には御退位の意ある事、皇族挙ってこれに賛成すると云う事。これが　折角　今まで努力したMの骨折を無にする事になるので、M司令部はやっきとなり、一刻も早く日本をして民定の民主化憲法を宣言せしめ、天皇制反対の世界の空気を防止せんとし、一刻も速かにこれを出せと迫り来るによる。

始めは十一日迄に松本私案を出せばよいことになっていたが、かくなってはそれ迄待てぬ。米国側の造った原案を採用するか、しからざればEmperor（※天皇）のperson（※身柄）の保障もできないと云う強談判。松本国相も大いに困って、やっとの事で一院制を二院制に改め得た訳。そしてかかる民定のものを勅語なくしてはどうしても出せぬという訳で勅語を願った次第なり。勅語の事は普通ならば内閣で案を作って上奏するのが原則なれど、急ぐ故、今夕　拝謁の席でお許しを願って勅語を頂き、その案文はこれからMの承認を得るというやり方をとった（注24）」

昭和天皇が本心から戦争を選んだことを知っている皇族たちの圧力によって、昭和天皇に退位されたら、それまでさまざまな工作・やらせをやりながら「昭和天皇には責任はない」と、真っ赤なウソを発信し続けたマッカーサーのメンツは丸つぶれになり、順調にきている占領統治には困るのである。

6　天皇はいやいや日本国憲法を受け入れた

憲法改正を嫌う天皇

同じ三月五日の『芦田日記』によれば、天皇は新憲法に対して次のような態度をとった。

「幣原総理は　陛下が、今となっては致方あるまい　と仰せられて、勅語案の御裁可を得た旨を述べられた。陛下は　皇室典範改正の発議権を留保できないか、又　華族廃止についても　堂上華族だけは残す訳には行かないかと　申されたという報告であった。

そこでこの二点について米国側と交渉すべきやについて議論があったが、岩田司法大臣は今日の如き大変革の際、かかる点につき、陛下の思召として米国側に提案を為すは内外に対して如何と思うとの意見があり、一同　それも御尤も、致方なしと断念するに決した」（注25）

昭和天皇は、憲法改正もいやいやながら受け入れた。さらに、皇室典範の全面改正も華族の全面廃止にも抵抗したが、それは無駄な抵抗だった。

一九四六年三月二十日、幣原内閣は、ＧＨＱ案に沿った憲法案を発表する。枢密院での説明は以下である。

「第一条（※象徴天皇制）……余は之に依り　皇室の御安泰は永久に保持さるるものと確信するのである。尚、申添えたきは2月末頃からの国際状勢である……極東委員会……（※の第一回会議が）二月二十六日　ワシントンに開催され　其の際　日本憲法草案の発表に関する論議があり、マ司令官の（※天皇制支持の）態度を批難《ママ》するが如き様子が見えたのではないかと思う。

此の状勢を考えると　今日　此の如き草案が成立を見たことは　日本の為めに誠に喜ぶべきことで、若し時期を失した場合には　我が皇室の御安泰の上からも極めて憚《はばか》るべきものがあったように思われ　危機一髪ともいうべきものであったと思うのである」（注26）

この頃の昭和天皇について、前記、ビックスはいう。

「マッカーサーと幣原から圧力をかけられ、弟や叔父たちから出される退位の話におびやかされ、さらには東京裁判を懸念しながら、裕仁は2週間ほど抵抗して譲歩した。天皇は『今となっては致方あるまい』と幣原に打ち沈んで語った。（中略）こうして天皇は（中略）もっとも進歩的な改革を承認した。（中略）彼はほかの誰よりも長く、執拗なまでに『国体』に固執したのち、世界中が彼に対抗していると感じた時点で、不安に駆られ、ついに決断した。彼が抱く不安とはすなわち、退位に追い込まれる可能性であり、何よりも彼の不決断にまつわる国民の議論が長期化すれば、共和制論議が抑えきれなくなり、ひいては君主制そのものが廃止されかねないことであった。以後の後半生において、彼は象徴としての地位に抵抗し続け、心理的にもそれに順応することができなかった」（注27）

日米合作のシナリオ

また、同日、フェラーズ准将は、米内光政（敗戦時、海軍大臣）に語った。

「自分は天皇崇拝者ではない　随《したがっ》て十五年二十年先　日本に天皇制があろうがあるまいが又　天皇個人としてどうなっておられようが関心は持たない。しかし連合軍の占領について天皇が最善の協力者であることを認めている現状に於いて占領が継続する間は天皇制も引き続き存続すべきであると思う。

ところが困ったことに、連合国の或る国においては天皇でも戦犯者として処罰すべしとの主張非常に強く、ことに『ソ』は其の国策たる全世界の共産主義化の完遂を企図している。したがって日本の天皇制とＭＣ（※マッカーサー）の存在とが大きな邪魔者になっている。加うるに米においても非亜米利加式思想が当局の相当上にも勢力を持つにいたって、天皇を戦犯者として挙ぐべきだとの主張が相当強い。

右に対する対策としては天皇がなんらの罪のないことを日本側から立証してくれることが最も好都合である。其の為には近々開催される裁判が最善の機会と思う。殊に其の裁判に於いて東条に全責任を負担せしめる様にすることだ。即ち東条に次のことを言はせて貰い度《た》い。『開戦前の御前会議において仮令《たとえ》陛下が対米戦争に反対せられても　自分は強引に戦争まで持っていく腹を既に決めていた』と。

右に対し米内大将
全く同感です。東条（元首相）と嶋田（元海相）に全責任をとらすことが陛下を無罪にする為の最善の方法と思います（注28）」

『昭和天皇　二つの独白録』（NHK出版）によれば、次の事実があった。

「一九七一年二月、フェラーズに対して日本政府から勲二等瑞宝章が送られた。日米友好に貢献したというのが表向きの受賞の理由であったが、外務省に提出された叙勲の申請書には、よりはっきりとその理由が記載されている。

ボナ・フェラーズ准将は〔中略〕連合国総司令部における唯一の親日将校として天皇陛下を戦犯より救出した大恩人である（フェラーズ文書「功績調書」）。

日本政府から特に高く評価された点は、一九四五年十月二日、フェラーズがマッカーサーに天皇不訴追を進言した、あの覚書であった。フェラーズの進言が東京裁判に及ぼした影響力が高く評価されたのである。（中略）フェラーズの叙勲を申請したのは元自民党議員で当時は日米文化振興会会長を務めていた笠井重治である。（中略）笠井によれば、叙勲申請書は宮内庁にも提出され、天皇自身も目を通していた（注29）」

「（笠井から）一九六三年四月二九日付のフェラーズへの手紙に、次のような一節がある。今日は天皇誕生日だ。マッカーサーと君のおかげで、天皇の座は維持された。君には本当に感謝している。君の努力は素晴らしかった（注30）」

7　天皇は戦争責任を認めず退位を拒否した

退位拒否の言い訳

一九四六年三月六日の『側近日誌』で、天皇は語っている。

「又、御退位につきては、（※天皇は）それは退位した方が自分は楽になるであろう。今日の様な苦境を味わわぬですむであろうが、秩父宮は病気であり、高松宮は開戦論者でかつ当時軍の中枢部にいた関係上摂政には不向き。三笠宮は若くて経験に乏しいとの仰せ。東久邇宮の今度の軽挙を特に残念に思召さる。東久邇さんはこんな事情は少しも考えぬのであろうとの仰せ（注31）」

確かに、「秩父宮は病気」（結核）であったから除外されるだろう。しかし、日米開戦に向かう初期は「高松宮は開戦論者で」あったかもしれないが、いよいよとなった十二月一日の御前会議の前日には敗北を予想して「開戦をさけるように」と天皇に申し出ていた。ミッドウェー敗戦直後、さらに敗北が続いたサイパン陥落時からは早期和平を天皇に進言して、戦争継続を決めていた昭和天皇とかなり派手な喧嘩を何回もした。「当時軍の中枢部にいた関係上　摂政には不向き」というが、昭和天皇こそは大元帥＝最高司令官として「当時軍の中枢部」のトップだったのである。それをいうなら、昭和天皇こそ「天皇に不向き」であった。また、「三笠宮は若くて」といっても、この時は三十歳である。昭和天皇は二十歳で大正天皇の摂政になったのであるから、以上は、まったくもって理由にはならない。昭和天皇が本心から戦争を選んだことをよく知っていた東久邇宮は、こんな姑息な恥ずかしい言い訳を昭和天皇がするとは考えなかったのだろう。

こんなにも理由にならない理由で退位を拒否した、ということは、要するに、自分の誤った判断が、戦火に「たふれゆく民」を際限なく増やしていった、ということを認めることを、昭和天皇は拒否した、ということである。日本肇国《ちょうこく》以来、最大の犠牲者三百十万人の命の損失とそれに数倍する過酷な運命を負わされたその家族たち、さらにその何倍ものアジアの犠牲者たちは、誰が命じた戦争の犠牲者だったのか……。

兵隊に「立派な道に進め」

昭和天皇の母、つまり、大正天皇の妻だった貞明皇太后も、昭和天皇は政府・軍部のロボットなどでは全くなく、統治権の総覧者・大元帥として主体的にその仕事をしていたことをよく知っていた。国務・軍事の最高決定権者として、降伏の時だけではなく、開戦についても、戦争継続についても、彼の意志で決定したことをよく知っていた。したがって、三月十九日の『側近日誌』によれば、「（※貞明皇太后から）御退位のことに尽きては、しかるべき時期を見て決行さるることを可とせらるるにあらずやと思わるる御言葉ありき(注32)」だった。しかし、昭和天皇は、母の「しかるべき時期に退位決行を」というアドバイスも拒否した。昭和天皇は自分の判断の誤りから、日本肇国以来の犠牲を国民に強要したこと、それに数倍する犠牲をアジアの民に強制したことを、ついに一度も認めることなく、一度も謝罪することなく死去した。

さて、一九四六年三月十八日から木下道雄侍従次長、寺崎英成宮内省御用係など「五人の会」が、天皇から戦争経緯について聞き取りをはじめ、(注33)六月一日、天皇の東京裁判対策としての弁明書「昭和天皇独白録」が完成する。（※後述するように、「独白録」とは文藝春秋編集者の半藤一利が命名したもので、英文のそれが発見され、実際にＧＨＱに提供されていたのだから、本来なら「昭和天皇の東京裁判対策用弁明書」、ひらたくいえば、「昭和天皇の東京裁判対策用いいわけ書」と名付けるべきものだろう。）

三月二十二日、前述したようにフェラーズは語っている。「自分としては天皇の崇拝者にあらず随《したがっ》て天皇制がどうなろうと一向構はないのであるが、ＭＣの協力者として占領を円滑ならしめつつある天皇が裁判に出されることは、本国に於けるＭＣの立場を非常に不利にする。之が私のお願いの理由だ。(注34)」

同日、サイパンから帰ってきた兵隊と天皇は会話した。

「戦争は激しかったかね」

「ハイ、激しくありました」

「ほんとうにしっかりやってくれて御苦労だったね。今後もしっかりやってくれよ。人間として立派な道に進むのだね（注35）」

昭和天皇は「人間として立派な道に進」んだか……。

8　東京裁判は天皇免罪が大きなテーマだった

ニュルンベルグ裁判との違い

一九四六年四月二十九日、国際検察局は、東京裁判の被告二十八人の名前と起訴状を公表した。その中に、昭和天皇の名前はなかった。ナチスの戦争犯罪を裁くニュルンベルグ裁判規約と、日本の戦争犯罪を裁く東京裁判条例とでは、決定的に異なっている条項があった。

前者の第七条は「国家の元首であると、政府各省の責任ある地位の官吏であるとを問わず、被告人の公務上の地位は、その責任を解除し、又は刑を軽減するものとして考慮されるものではない」である。一方、後者の第六条は「何時たるとを問わず　被告人が保有せる公務上の地位、若は被告人が自己の政府　又は上司の命令に従い行動せる事実は、何れも　夫れ自体　右被告人をして其の起訴せられたる犯罪に対する責任を免れしむるに足らざるものとす」である。連合国軍最高司令官マッカーサーが作った東京裁判条例は、「国家の元首」すなわち、昭和天皇を最初から「被告」としないことを決定していた。

この条例に基づき、一九四六年五月三日、いよいよ、極東国際軍事法廷＝東京裁判は開廷した。

五日、ＧＨＱ民間情報教育局の責任で作成されたＮＨＫラジオ番組で、マッカーサーと会話した形で「天皇発言」が「真相」として明らかにされた。

マック「なぜあなたは戦争を許可したのか」

天皇「もし私が許さなかったら新しい天皇がたてられていたであろう。戦争は国民の意思であった。誰が天皇であれ、事ここに至っては、国民の望みにさからうことはできなかった(注36)」

冷戦と逆コース

この頃、戦争末期から現れていた米ソの対立＝冷戦が、いよいよ顕在化してきていた。一九四六年五月十五日、対日理事会で米代表アチソンは「アメリカは日本における共産主義は歓迎しない」と発言した。五月十九日の食糧メーデーには三十万人の参加があったが、マッカーサーは「暴民デモ許さず」と声明し、デモ禁止令を出した。「逆コース」が始まったのである。日本民主化・非軍事化にブレーキをかけ、日本を共産主義の防波堤とするべく、経済復興させる政策をＧＨＱはとるようになった。この占領政策において、昭和天皇の利用価値はますます高まる。こういう中で始まった東京裁判においては、天皇を証人としてでも出廷させることはできない。

検察側証人の一人の田中隆吉元陸軍少将は、戦時中、東条と対立して追われた男である。陸軍の被告たちに極めて不利な証言をして「日本のユダ」と呼ばれた（ウィキペディア）。この男に対して、昭和天皇がマッカーサーに「全責任を負う」といったという話が利用されたことを、豊下楢彦『昭和天皇・マッカーサー会見』から、読みやすく会話体の部分だけ引いてみる。

キーナン東京裁判主席検察官は、田中にこう語った。

「マ元帥はこういった。『自分は昨年（※一九四五年）九月末に、日本の天皇に面会した。天皇はこの戦争は私の命令で行ったものであるから、戦犯者はみな釈放して、私だけ処罰してもらいたいと言った。もし、天皇を裁判に付せば、裁判の法廷で天皇はそのように主張するであろう。そうなれば、この裁判は成立しなくなるから、日本の天皇は裁判に出廷させてはならぬ』と。」「私としては天皇を無罪にしたい。貴君もそのように努力してほしい。」

田中「この時ほど私は感激した事はなかった。私は死を賭して、天皇を無罪にするため、軍部の行動について、知る限りの真実を証言しようと決心したのである（注37）」

六月十七日、キーナン主席検事は「昭和天皇は裁判にかけない」と声明した。

「国民性に落ち着きのないことが……」

七月〜十月にかけて、稲田周一宮内省内記部長と木下道雄侍従次長が、天皇からさらなる聞き取りを行ってまとめた『聖談拝聴録』の「結論」を見てみよう。

「以上　緒論及び本文に於て戦争の原因とその防止の不可能なりし所以を縷々述べて来たが、結論として概括的に私（※天皇）の感想を話そう。

先ず我が国の国民性に付いて思うことは付和雷同性の多いことで、これは大いに改善の要があると考える。（中略）多くは平和論乃至親英米論を肝に持っておっても、これを口にすると軍部から不忠呼ばわりされたり非愛国者の扱いをされるものだから、沈黙を守るか又は自分の主義を捨てて軍部の主戦論に付和雷同して戦争論をふり廻す。

かように国民性に落ち着きのないことが、戦争防止の困難であった一つの原因であった。将来この欠点を矯正するには、どうしても国民の教養を高め、又宗教心を培って確固不動の信念を養う必要があると思う。（中略）

次に軍備のことであるが、抑々《そもそも》軍備は平和確保の為の一手段である。しかるに従来の有様を見ると、平和の為に軍備をするといいながら、軍備が充実すると、その軍備の力を使用したがる癖がとかく軍人の中にあった。

（中略）私自身としては、不可抗力とはいいながらこの戦争によって世界人類の幸福を害《そこな》い、又我が国民に物心両方面に多大な損失を与えて国の発展を阻止し、又、股肱《ここう》と頼んだ多くの忠勇なる軍人を戦場に失い、かつ多年教育整備した軍を武装解除に至らしめたのみならず、国家の為　粉骨努力した多くの忠誠の人々を戦争犯罪人たらしめたことに付ては、我が祖先に対して誠に申し訳なく、衷心　謝罪するところである。

しかし負け惜しみと思うかも知れぬが、敗戦の結果とはいえ我が憲法の改正も出来た今日に於て考えて見れば、我が国民にとっては勝利の結果　極端なる軍国主義となるよりも却って幸福ではないだろうか。

歴史は繰り返すということもあるから、以上の事共を述べておく次第で、これが新日本建設の一里塚とならば幸いである（注38）」

昭和天皇は、「我が祖先に対して誠に申し訳なく、衷心　謝罪する」が、「世界人類の幸福を害い、又　我が国民に物心両方面に多大な損失を与えて　国の発展を阻止し、又、股肱と頼んだ多くの忠勇なる軍人を戦場に失い、かつ多年　教育整備した軍を武装解除に至らしめたのみならず、国家の為　粉骨努力した多くの忠誠の人々を戦争犯罪人たらしめたことに付て」、「我が国民に」も、「忠勇なる軍人」にも、「戦争犯罪人たらしめた」人にも、ついに、一度も、謝罪しなかった。

なにしろ、昭和天皇が考える「戦争の原因とその防止の不可能なりし所以」の「結論」の第一は「我が国の国民性」にあるのだった。「対英米開戦は付和雷同性の強い国民のせいだった」と昭和天皇は考える。

「付和雷同性の強」くなかったために、昭和天皇の戦争に反対した日本国民は……また横浜事件のように、そう疑われただけの国民ですらも、天皇の政府によって、特高警察に付け狙われ、牢獄につながれ、拷問によって心身に深い傷を負わされたり、獄死させられたりした。『蟹工船』の作家、小林多喜二は裁判さえ受けることなく、築地警察署内で警官によって虐殺された。二十九歳だった。

「手と足を　もいだ丸太に　してかへし」「母国掠め盗った　国の歴史を復習する　大声」の反戦川柳作家、鶴彬《つるあきら》は中野区野方署の留置場で赤痢に罹患し移送先の病院で死んだ。二十九歳だった。ベッドに手錠で括りつけられていたという。

これは、ほんの二例に過ぎない。昭和天皇の命じた戦争に唯々諾々と従わない、つまり「付和雷同」しない国民は「非国民」なので、生存権は保障されず、安心安全に暮らせなかった。

さて、一九四七年の大晦日は、東条英機が正直に行った証言によって、東京裁判中、もっとも緊迫した場面が生じたと言われている。

「日本国の臣民が天皇の御意思に反してかれこれするということはあり得ぬことであります。いわんや、日本高官においておや」と証言した。

これは、全く事実だった。東条は天皇の意志に反したことは無かった。開戦決定も、継続も、降伏決定も「天皇の御意思」であった。しかし、この事実を認めると、昭和天皇は免罪して利用する、というマッカーサーとアメリカ政府による の東京裁判のシナリオは崩壊する。そこで次の措置がとられた。

「キーナンは田中隆吉を通じて松平康昌に働きかけ、松平は拘禁中の木戸幸一を訪ねて、東条への説得を依頼した。この結果、翌四八年一月六日の法廷で東条は、『それは私の国民としての感情を申し上げておったのです。責任とは別です。天皇の御責任とは別の問題』と述べて、前回の証言を事実上撤回したのである。

田中隆吉の息子で、田中の秘書的な役割をはたしていた田中稔によれば、この東条工作のあとで田中は松平に招待され、その場で非公式に『今回のことは結構であった』という天皇の『お言葉』を伝えられるとともに、『御下賜品』として『ジョニーウォーカー、レッドラベルのウィスキー一本』をもらっている(注39)」

第2章　日本国憲法下の天皇と沖縄・安保条約

1　天皇はストを行う国民を憎悪した

第三回天皇・マッカーサー会談

一九四六年十月十日に新憲法案が衆議院で採決された六日後、第三回天皇・マッカーサー会談が行われた。この極秘文書全文が、『朝日ジャーナル』一九八九年の三月三日号に掲載されている。昭和天皇の発想・思考が特によく出ているところを抜粋してみよう。

天皇「さる五月には食糧事情最悪の状態にあり、第三者の使嗾《しそう》にかかわるデモンストレーションも激しく、一つの危機が到来したのでありますが、将軍の理解ある御援助により、之を切り抜けた事はまことに感謝に堪へません」

「先ほど申し上げたとおり国民が虚脱状態から士気を恢復《かいふく》し復興の希望に立ち上がらんとするこの秋《とき》、この希望に水をかけるものは『ストライキ』であります。何事も真似をする場合、権利の面のみを真似し義務の面を等閑《なおざり》にすることはありがちでありますが、日本人の改良未だ低く、且宗教心の足らない現在、米国に行われる『ストライキ』を見て、それを行えば民主主義国家になれるかと思うものすくなからず」

「米本国の対日感情は貴司令部の対日感情に比較しますと未だ悪い様であります。米国政府の説得は、只今のお話でも伺われるのでありますが、実に大変でありましたらう《ママ》。貴将軍の御努力に感謝の意を表します」

「戦争放棄の大理想を掲げた新憲法に日本は何処迄も忠実でありませう。……戦争放棄を決意実行する日本が危険にさらされることのない様な世界の到来を、一日も早く見られるように念願せずに居れません」

元帥「陛下の御蔭にて憲法は出来上がったのであります（微笑し乍ら）。陛下なくんば憲法も無かったでありませう」

「戦争を無くするには、戦争を放棄する以外には方法はありませぬ。それを日本が実行されました。五十年後に於いて、私は予言致します、日本が道徳的に勇敢且賢明であった事が立証されませう。百年後に日本は世界の道徳的指導者となった事が悟られるでありませう。世界も米国も未だに日本に対して復讐的気分が濃厚でありますから、この憲法も受く可《べ》き賞賛を受けないのでありますが、凡《すべ》ては歴史が証明するでありませう」

天皇「日本国中至る所で行はれました秋の祭りは……国民の士気を昂《たか》めるのに役立つでありませう。そしてこれは貴占領の成功を物語る一証左ともなりませう」

元帥「伺って嬉しく存じます」

「ストライキ」を行う労働者国民に対する昭和天皇の憎悪がよく出ている。餓死するものも絶えなかったこの頃、労働者国民は生きていくために団結権を実現して、ストライキなどで闘った。「食糧事情最悪の状態」の中で、前記した「コメ寄こせデモ」は「去る五月」に宮城に赤旗を立てて入り、雑誌『真相』などで、天皇一族の豪華で豊富な食糧状態を暴露した。それに対する怒りもあったかもしれない。

占領成功を祝す

昭和天皇には、こうした、従順でない日本の労働者国民は、「第三者の使嗾」、つまり、ソ連による共産主義者の扇動によってやっているだけ、としか考えられないのであった。これを弾圧してくれたマッカーサー、そして、天皇を戦犯として処罰すべきだという米本国の世論にもかかわらず、天皇を擁護したマッカーサーに対して、天皇は心から感謝の意を表明する。

しかし、第九条「戦争放棄と無軍備」――これは、天皇の地位・身分の保証と一体のものだったにもかかわらず――不満でならなかったのである。「日本（※つまり、天皇制）が……危険にさらされる」じゃないいか、やめてくれ、と。

それに対し、マッカーサーは、第九条こそが天皇の地位・身分の保証と一体のものであることについて「陛下なくんば憲法も無かった」と、やんわり、たしなめた。しかし、昭和天皇には理解できなかったようである。このマッカーサーの憲法九条に対する態度に業を煮やして、後述するように、昭和天皇はマッカーサーと日本政府の頭越しに日本国憲法違反の外交活動、政治干渉を始めるのであった。

この会見の最後に、昭和天皇は自分の頭上にあるマッカーサー将軍に対し「貴占領の成功」を祝し、「これは私の協力のおかげですよ」と暗に申し述べる。

この会談から一カ月も経たない、十一月三日、日本国憲法が公布された。「日本国憲法記念式典での勅語」は次のようなものだった。

「本日、日本国憲法を公布せしめた。（中略）朕は国民と共に、全力をあげ、相携へて、この憲法を正しく運用し、節度と責任を重んじ、自由と平和とを愛する文化国家を建設するやうに努めたいと思う」

憲法第九十九条は「天皇又は摂政及び国務大臣、国会議員、裁判官その他の公務員は、この憲法を尊重し擁護する義務を負ふ」となっているが、この勅語の中に「朕は、この憲法を遵守する」という言葉はなかった。

2　天皇は日本国憲法施行と同時に憲法を蹂躙する政治干渉を開始した

第四回天皇・マッカーサー会談

一九四七年五月三日、大日本帝国憲法とは真逆に、国民を主権者とする日本国憲法は施行された。昭和天皇は形式的に総理大臣、最高裁長官の任命権を持ち、国事行為十項目を行うのみで、国政に関する権能を持たない「象徴」となった……はずであった。彼は公布に当たっては「この憲法を正しく運用し」と述べていた。

ところが、なんと、ついその三日後の六日、天皇は第四回マッカーサー会談で語るのだ。

天皇「日本が完全に軍備を撤廃する以上、その安全保障は国連に期待しなければなりませぬ」

「国連が極東委員会の如きものであっては困ると思います」

マック「日本が完全に軍備を持たないこと自身が日本のためには最大の安全保障であって、これこそ日本の生きる唯一の道である」

天皇「日本の安全保障を図る為には、アングロサクソンの代表者である米国が、其のイニシアティブを執ることを要するのでありまして、此の為　元帥の御支援を　期待して居ります（注40）」

つまり、昭和天皇は、自分が国政に関する権能を全く持たない「象徴」という存在になったことを認めなかった。外交という政治そのものに口を出すことなど全く憲法違反であるが、彼は、いやいや受け入れた日本国憲法を護るつもりは、初めから全くなかったのであった。

昭和天皇を守るための第九条だったにもかかわらず、地位・身分が安全になると、天皇は不満でしかたなかった。そこで、マッカーサーに対し、第九条を押し付けた以上、アメリカ占領軍はその軍備を日本の安全保障――実は天皇制の安全保障＝国体護持――のために使ってくれと、主権者国民代表の政府を無視し、マッカーサーに掛け合っていた。天皇が始めた戦争の敗戦により、餓死する国民もいる中、国民は飢え死にしないために、どうしたら食料を確保できるか、ただ、それを考えるだけで、みんな必死の時代だったのだが……。

内奏を要求する天皇

当時、外務大臣であった芦田均は、こういう昭和天皇の言動をリアルタイムで記録している。（『芦田均日記』十三頁、岩波書店、一九八六年）

「七月二十二日

十八日に侍従次長が外務次官の許に見えて　陛下は外交問題について御宸念遊ばしてゐる……外務大臣が内奏に見えないのか……見えるなら土曜日がよろしい……との話があつた旨　岡崎次官から話があつた。新憲法になつて以後、余り陛下が内治外交に御立入りになる如き印象を与へることは皇室のためにも、日本全体のためにも良いことではない。だから私は内奏にも行かないのである。然し　御上の思召とあれば行くべきだと決意して、来週　月曜日に参内する旨を言上させた。

月曜日は暑い日だつたがモーニング着用して午後三時に参内。用意の文書を披《ひろ》げて三十分余り、アメリカ国務省の対日平和予備会議の件、Truman Doctrine, Marshall Plan, 中共と国府との衝突、Wedmeyer の支那派遣等に亘る解説を申上げた。

それが終ると陛下は先づ、米蘇関係は険悪であるといふが　果たしてどうなるかとの　御尋ねである。『Mr. Vaughn が General MacArthur の説として申したことは米ソの開戦は possible ではあるが probable ではない』といふ事等を言上した。

『日本としては結局アメリカと同調すべきでソ聯との協力は六ケ敷《むつかし》いと考えるが』と申された。

私は全然　同見である旨を答へた。

『先達《せんだつ》て Bullitt が来て　共産党のことを攻撃して行つたが……共産党と言つても我国では徳田の如きさへ神宮では鄭重に礼儀をつくした　といふからロシアの共産党とは全く同一ではないと思はれる』と仰せられた。

私は先づ Bullitt の過去を談り　且つ最近の反蘇的言動を附加へて申上げた後、日本共産党も徳田、野坂ともに日本人には相違ありません、然し第三interと全然別個の行動をとるかどうかは確信がもてませぬと御答へした。かくして一時間十分に亘る長談義に陛下も御疲れかと思つて引下つた。『又　時々　来てくれ』と仰せられた時に私は『はい』とお答へしたが、頭の中には又しても新憲法のことが浮んで来た（注41）」

憲法違反の内奏

芦田均は日本国憲法を理解していた。国民が主権者となり、天皇は儀礼的君主として国事行為十項目を行うだけの、国政に権能を持たない「象徴」に過ぎなくなった。そういう「象徴天皇」が、帝国憲法時代と変わらず、「国政に関する内奏」などを閣僚に要求することは日本国憲法違反そのものである。だから、芦田外相は帝国憲法時代のように内奏などしてはならない、と考えていた。しかし、昭和天皇は、日本国憲法を護る意思は当初からなく、常に帝国憲法時代の統治権の総覧者の意識で行動し、主権者国民の代表者を何の権限もないにもかかわらず呼びつけ、外交・内政に関して、時に指示命令を出していた。国民は全く知らない――今日、現在に至るも――。

さらに、同日記の九月二十四日には以下のように記載されている。

「去る十九日に宮中で外交問題を内奏した。その重なる題目は、（イ）平和条約準備と（ロ）日本将来の安全保障の問題であつた。最初は講和に関する日本側の希望条項をアメリカ側へ通達する方法として七月二十六日にAtcheson大使にMemorandumを手交したことから二十八日にそのNoteを押返されたことを奏上した。次には安全保障に関する日本側の希望を鈴木九万《ただかつ》氏から（九月四日）

General Eichelberger に書面で手交した顛末を申上げた。安全保障の問題については陛下は殊に力を込めてフンフンと御うなづきになつた（注42）」

芦田外相に対して、昭和天皇は「平和条約準備」「日本将来の安全保障の問題」を内奏させ、後者には「殊に力を込めてフンフンと御うなづきになつた」が、その翌日、マッカーサーの政治顧問は、昭和天皇の沖縄メッセージを覚書にまとめていた。この極秘情報は、雑誌『世界』一九七九年四月号の進藤榮一論文『分割された領土』で有名になった。

この一九七九年まで、こんな日本国憲法違反そのもの、憲法蹂躙の犯罪的外交メッセージを、昭和天皇がマッカーサーに送っていたとは、メッセンジャーの寺崎英成宮内庁御用係以外は外務大臣も総理大臣も、日本国民の誰ひとり知らなかった。国政に関する権能を持たない「象徴天皇」が、主権者国民代表である政府の頭越しに、秘密外交を行っていたのだった。

３　天皇は沖縄を売った

その、今となっては有名なメッセージを見てみよう。

昭和天皇の「沖縄メッセージ」

「(a）総司令部政治顧問シーボルトから国務長官宛の書簡

主題：琉球諸島の将来に関する日本の天皇の見解

国務長官殿　在ワシントン

拝啓

天皇のアドバイザーの寺崎英成氏が同氏自身の要請で当事務所を訪れたさいの同氏との会話の要旨を内容とする一九四七年九月二十日付けのマッカーサー元帥あて覚え書きのコピーを同封する光栄を有します。

米国が沖縄その他の琉球諸島の軍事占領を続けるよう日本の天皇が希望していること、疑いもなく私利に大きくもとづいている希望が注目されましょう。また天皇は、長期租借による、これら諸島の米国軍事占領の継続をめざしています。その見解によれば、日本国民はそれによって米国に下心がないことを納得し、軍事目的のための米国による占領を歓迎するだろうということです。

敬具

合衆国対日政治顧問　代表部顧問

W・J・シーボルト

東京　一九四七年九月二十二日」

「琉球諸島の将来に関する日本の天皇の見解」を主題とする在東京・合衆国対日政治顧問から一九四七年九月二十二日付通信第一二九三号への同封文書

コピー

連合国最高司令官総司令部外交部

一九四七年九月二十日

マッカーサー元帥のための覚え書

天皇の顧問、寺崎英成氏が、沖縄の将来に関する天皇の考えを私に伝える目的で、時日を約束して訪問した。

寺崎氏は、米国が沖縄その他の琉球諸島の軍事占領を継続するよう天皇が希望していると、言明した。天皇の見解では、そのような占領は、米国に役立ち、また、日本に保護をあたえることになる。天皇は、そのような措置は、ロシアの脅威ばかりでなく、占領終結後に、右翼及び左翼勢力が増大して、ロシアが日本に内政干渉する根拠に利用できるような〝事件〟をひきおこすことをもおそれている日本国民の間で広く賛同を得るだろうと思っている。

さらに天皇は、沖縄（および必要とされる他の島じま）にたいする米国の軍事占領は、日本の主権を残したままでの長期租借――二十五年ないし五十年あるいはそれ以上――の擬制にもとづくべきであると考えている。天皇によると、このような占領方法は、米国が琉球諸島に対して永続的野心を持たないことを日本国民に納得させ、また、これによる他の諸国、とくにソ連と中国が同様の権利を要求するのを阻止するだろう。

手続きについては、寺崎氏は、（沖縄および他の琉球諸島の）『軍事基地権』の取得は、連合国の対日平和条約の一部をなすよりも、むしろ、米国と日本の二国間条約によるべきだと、考えていた。寺崎氏によれば、前者の方法は、押しつけられた講和という感じがあまり強すぎて、将来、日本国民の同情的な理解を危うくする可能性がある。（注４３）

W・J・シーボルト」

内政・外交、なんであろうと「国政に権能を持たない」「象徴天皇」が、何の権限をもって、占領軍代表に沖縄県を差し出したのだろうか。しかも「日本国民は……軍事目的のための米国による占領を歓迎するだろう」とは……。

沖縄戦で沖縄県民は天皇のために、非戦闘員も巻き込んで凄惨な地上戦を戦った。太田実中将は自決にあたり「後世、沖縄県民に対し、特別なる御高配を賜らんことを」と打電した。昭和天皇が沖縄県民に対し、後世、賜った「御高配」は、日本領土の一部である沖縄県を県民もろとも、米軍の過酷な占領統治、銃剣による支配下に差し出すことだった。

昭和天皇の死後一年経った一九九〇年、朝日新聞社から、昭和天皇の侍従長だった『入江相政日記』が公刊された。この『世界』四月号の進藤論文が評判になったため、昭和天皇も目を通し、入江に語ったと思われる記録がある。

「お召ということで出たら昨夜、赤坂からのお帰りの車中でうかがった『沖縄をアメリカに占領されることをお望みだった』という件の追加の仰せ。蔣介石が占領に加わらなかったので、ソ連も入らず、ドイツや朝鮮のような分裂国家にならずに済んだ。同時にアメリカが占領して守ってくれなければ、沖縄のみならず日本全土もどうなったかもしれぬとの仰せ(注44)」

この、昭和天皇が「『沖縄をアメリカに占領されることをお望みだった』という件」について、衆議院での応答が一九七九年にある。沖縄選出の瀬長亀治郎(共産党)衆議院議員による同年四月二十七日の質問と政府答弁を議事録から抜粋してみよう。

四月二十七日、衆議院沖縄・北方問題特別委員会会議録第四号から

○瀬長委員「四分の一世紀以上にわたる沖縄の軍事占領支配、これが復帰したとはいえ基本的にはまだ全然　変わっていない。アメリカの軍事占領支配による沖縄県民の民族的屈辱、その中での想像を絶する苦しみの原因をなしておるのが　天皇のアメリカGHQに対する申し出にある　ということが最近明らかになった。

（※二通のメッセージを読み上げて）これと憲法との関わりもありますので言いますが、五一年にいわゆる対日平和条約が提起された時点で、ダレスとイギリス代表なんかが言った残存主権または潜在主権、こういった問題が四七年五月三日、現在の憲法が施行された以後、このような天皇の行為が行われている。これに対して最初に、総理府総務長官でもあり沖縄開発庁長官でもある三原長官の御見解、さらに当時の政治的状況、どういった状況のもとで出されたか、こういった問題について釈明して欲しいと思います」

○三原国務大臣「この問題につきましては、事実関係の有無についてつまびらかではございません。そういうことで、私自身がシーボルト氏のメモ等について　ここで御意見を申し上げることは慎みたいと思いますので、御理解を願いたいと思います」

○瀬長委員「長官は、既に内閣委員会で柴田議員が出された時にも同じことを言っておる。しかし、この申し出という問題は、これはいわゆる国事ではなくて国政なんですよね。しかも、憲法はもうすでに施行されている段階における天皇の行為である。しかも、この英文では『セルフインタレスト』と書いてありますが、辞典を引きますと、私利私欲、身勝手、こういった意味です。この文書はトップシークレットなんです。天皇は卑屈だったんでしょうな。『私利』、これははっきり書いてあるのです、シーボルトが。そういったようなものが　現実に外務省から出されておる。しかもアメリカが出している。いわゆる調査するということを言っておりましたが、これを内閣、総理府総務長官ともあろうものが　十一日たった現時点で、わかりませんとか、これは　まだはっきりしたことは言えません　というようなことを言うのは無責任じゃないのですか」
○三原国務大臣「重ねて申し上げますが、私自身　事実関係の有無について　つまびらかにいたしておりません。特に一シーボルト氏のメモによって、責任ある国務大臣として御回答申し上げること　慎んでまいりたいと思っております」
○瀬長委員「『北緯二九度以南の琉球諸島の最終処理のための米国の政策決定』、『当部は』、これは沖縄の政策企画部のことなんですが、『当部は、戦略信託統治があらゆる点で、米国支配のもっとも満足しうる形態であると納得のいく証拠を見たことはない』とはっきり言っておるんだな。ところが、『政策企画部は、米国が沖縄ならびにその他の島々に対する軍事占領を、主権は、日本が保持したままで、長期租借――二十五年ないし五十年あるいはそれ以上――にもとづいて継続すべきであると、日本の天皇が提案していると伝えられていることに留意する』まさに天皇の意見がそういった潜在主権または残存主権なども関連してアメリカの戦略的占領支配、この大きいてこになったということ、これは明らかなんです。
これでもなお　そのシーボルトとかケナンとかいうふうな者との事実関係はわかりませんから返事できませんということを　大臣、言えるのですか、ここまで来て。これはもう明らかにされているんですよ、どうなんですか」
○三原国務大臣「重ねて申し上げますが、私自身　事実関係の有無について　つまびらかにいたしておりませんので、責任ある答弁をすることは差し控えたいと思っております」
○瀬長委員「事実が明らかになっていないので　答弁を控える、事実が明らかになれば　責任ある答弁ができますか」
○三原国務大臣「その時点に立って　ご回答いたしたいと思います」
○瀬長委員「では、事実関係をつまびらかにする努力は　はらわれますか」
○三原国務大臣「関係──宮内庁であろうと思いますので、宮内庁あたりに　ひとつ実態についてなお照会をしてみたいと思います」
○瀬長委員「この問題は国事に関する問題で　話に明らかに　国政に関する問題、国家主権と国民主権の問題なんです。しかも、(※沖縄県民は) 百万人、日本国民なんです。その時は言いならわしで、朕、汝臣民だった。汝臣民が沖縄にいた。この苦しみの根源を、セルフインタレスト、私利、私欲、身勝手、こういったものに基づいて──実に売国行為である。これをはっきりさせないと大変なことになる。これなんです、問題は。長官、あなたはこの問題を釈明しないと　逃げて通れないような段階に　いま来ていることを　私は十分知ってほしいと思いますね。いかがですか」
○三原国務大臣「私ども自身、実際問題として　私がこの問題について　事実関係の有無を確認いたしておりません。私は　重大なことでございますので、国務大臣として責任のある発言は　やはり慎んでまいるべきものだと　考えております。お許しを願いたい」

○瀬長委員「もしこれが明らかにならない場合には　主権在民の民主主義が否定されて、主権在君への道が開かれぬとも限らぬ。天皇がどういう行動をとっているのか　わけがわからぬ、またわかろうともしないということになると、天皇に対する助言や承認はどうしてやるのか、この問題が起こるんですよ。天皇は何をやってもいいのか。シーボルトやケナン、こういったあのときの政策立案者の最高首脳がもうはっきり——解明された文書の中にある。私はその意味でも　よほど力を込めて　この事実関係の調査、これは調査がはっきりして　こういったのが事実あったとするならば、内閣の責任において沖縄県民、全国民に釈明する必要がある。復帰後七年になるが　相変わらず一貫して　占領支配の実態は変わらない。そういった苦しみ。

天皇の行為、しかも（※一九四七年）九月二十二日というのは五月三日の憲法施行後四カ月経過している、そのときに天皇自体が違憲の行為をやっている　ということが明らかになった場合には、内閣はどう措置するのか」

○三原国務大臣「お答えいたしますが、きわめて重大な発言をされているようでございますが、私は終始一貫　申しておりますように、この問題については　事実の有無が明確でございません。私が詳らかにしておりませんので、責任ある答弁は慎むべきだと考えておりますことを再度　申し上げて、御理解を願いたいと思います」

○瀬長委員「最後に　もう一つお約束していただきたいのだが、私は、この問題は重大な問題だということは承知されていると思います。そうでしょう　大臣。そんな重大な問題じゃないと思うのですか」

○三原国務大臣「重ねて申すようでございますが、重大であるか何であるかということよりも、事実の有無を明確にした上でないと　この問題を御回答申し上げることはお許しを願いたい、こう申し上げているところでございます」
○瀬長委員「これは、長官、逃げて通れない問題なんですよ。事実はアメリカからやってきたわけなんです。だから事実関係を調査された上で、それに対する国民の疑惑が　いまあるわけだ、この疑惑に対する釈明をしてほしいと　私は国民の一人として、また沖縄百万県民の――いまの『民族の悲劇』（※瀬長の著書）にも書いてありますが、こういった事に答える意味でも　ぜひ責任ある姿勢で事実関係の調査をやってほしい、それで結論が出るわけですからいかがですか」
○三原国務大臣「本日は御意見として承っておきます」
○瀬長委員「御意見として承るのじゃなしに、私が言うのは意見じゃなしに、この事実関係を知らないから　いま差し控えると　あなたは繰り返し言っている。事実関係を知るように努力を払うということが　内閣の一員として長官のとるべき道じゃないんですか。これは国民の要望なんですよ。この事実関係を明らかにしてほしい　という県民の要望なんです。
　ですから　事実関係を明らかにするために努力するのかしないのか、これだけを明らかにしてください。事実関係を明らかにせぬでもいい　というんだったら、それでもいい。明らかにしたい、努力するということならそれでもいい。国民が判断します。いずれですか」
○三原国務大臣「再三申し上げておるように、この問題については　事実の有無が　つまびらかでない問題でございます。従いまして、いま瀬長委員の御意見のあったことだけは　十分承知をいたしました。このことだけ申し上げておきます」
○瀬長委員「そうすると、事実関係を明らかにする努力は　しないのかするのか、これだけ答えてください」
○三原国務大臣「何回も申すようでございますが、事実の有無が明確でないということを率直に申し上げました。また、瀬長委員から　これを調査するかせぬか　ということでございますが、その点につきましては　十分御意見を拝聴いたしましたので、あとは私、国務大臣としての　みずからの姿勢なり意思はどうするかということは　ひとつ　よく考えて処置いたしたい、こう考えておるところでございます」
○瀬長委員「いま　この段階になって非常に歯切れが悪いな。私の意見は承っておく、その行動については考える　ということなんですね。考えるのであれば、事実関係を明らかにします　くらいは一歩前進できませんか。どうですか」
○三原国務大臣「新憲法下の象徴天皇についてのことでございますし、私自身は慎重な措置に出てまいりたい、そう思いますがゆえに、いろいろな御意見はございましたが、先ほどから　るる申し上げておるとおりでございます。御意見として　十分拝聴いたしましたということでお許しを願いたいと思うのでございます」

明確な事実関係

『入江日記』の一九七九（昭和五四）年五月四日の記事には、瀬長議員の衆議院での追及について、昭和天皇の言葉が次のように記載されている。

「吹上へ（※天皇の）お召で出る。沖縄の瀬長の質問に関してのこと。沖縄問題について会議ということだったが、（※宮内庁）長官から電話で今日はやめとのこと（注45）」

七日の記事には以下のようにある。

「拝謁。シーボルトが　寺崎を通じて蒋介石が日本占領を降りたにつき　（※天皇から）一寸うかがつた。それで（※天皇は）イギリスはその力なし、アメリカに占領してもらふのが　沖縄の安全を保つ上から一番よからう　と仰有つた　と思う旨の仰せ。すぐ長官に報告（注46）」

宮内庁長官の「調査の結果」、その事実を昭和天皇本人が認めたことを入江侍従がすぐ報告していたのだ。つまり、「事実関係の有無」は、日本政府＝外務大臣にも、すぐに「明確に」「つまびらかになって」いたのだった。

進藤論文では「『天皇からのメッセージ』が天皇主導下に出されたものか、寺崎を含む天皇側近たちの主導下に発せられたものなのか、今日　断定することは困難である。そのためにはなお日本側資料の公開を待たなければならないだろう（注47）」となっていた。しかし、この入江日記の記述から「『天皇からの（※沖縄売り渡し）メッセージ』が天皇主導下に出されたもの」であることを「今日断定することは困難で」はなくなった。

しかし、五月三十一日、再度の瀬長議員の質問に対して、日本政府は真っ赤なウソをついて逃げた。「その事実」があることを明確に知りながら、「その事実は絶対にない」と全面否定したのだ。

日本政府は、主権者国民から選出された国会議員に対し、昭和天皇の国家・国民を売る行為、これ以上はないほどの日本国憲法蹂躙行為、沖縄県民に対する人権蹂躙行為を容認し、瀬長議員・国民に対し国会という公の場で、真っ赤なウソをついたわけである。敗戦後何十年経っても、敗戦前同様、日本政府は昭和天皇と一体となって、日本国民に対し、ヌケヌケと真っ赤なウソをつき続けた。

昭和天皇の言葉には、沖縄県民への謝罪の気持ちは全く見えない。彼のために沖縄戦で凄惨な地上戦を戦わされ、敗戦後は彼の提案による米軍占領統治の継続により、沖縄の人々がどれだけ苦しまされたか——銃剣をもって土地を奪われ、血を流し——六歳の幼女、由美子ちゃんの悲劇、宮森小学校事件、復帰後も小学生の少女に対する複数の米兵によるレイプ等々、沖縄の人々がどれほど辛酸をなめさせられたか、天皇には想像力が全く欠落しているようだ。

「アメリカに占領してもらふのが沖縄の安全を保つ上から一番よからうと思ったから、そう提案したのである」と、自分の日本国憲法蹂躙の悪事が暴露されても昭和天皇は、こともなげに語っている。しかし、この沖縄メッセージのどこに「沖縄の安全を保つ上から一番よからう」と、昭和天皇が考えたということを証明する文言があるだろうか。そして、また「アメリカに占領してもらふ」ことによって、沖縄県民の安全が保たれた事実が、どこにあるのか。

4　天皇はマッカーサーの袖にすがって退位を免れた

密使たちの工作

昭和天皇と側近たちは、木下道雄侍従次長の『側近日誌』に見たように、天皇の生き残りをかけてＧＨＱとの要人たちと緊密に結びつき、情報収集に余念がなかった。その具体的な姿を『天皇家の密使たち』から、抜粋してみよう。

「松平邸には、訪問客の氏名を記した『日記』が残されている。昭和二十一年五月三日に開廷した東京裁判が昭和二十二年（一月、検事の立証終了）に入ると東京代々木の松平邸ではＧＨＱ、東京裁判関係者、米国の新聞記者を集めて　ひんぱんに晩餐会が開かれた。

マッカーサーの副官、法務局長、最高司令官軍事秘書ボナー・フェラーズ、『ＧＨＱはアカに握られている』と報道し、占領政策を〝右旋回〟させるのに役割を果たした『ニューズ・ウィーク』記者Ｃ・パケナム、東京裁判の主席検事キーナン……。

『大事なお客さまのときは、大膳の秋山さんが部下を四、五人連れてきましてね。お料理は大体あちら（宮内省）で作っておき、ここでは温める程度にするんです。』秋山さんとは五十八年間、天皇のコックをつとめた秋山徳蔵のことである。

外国人との晩餐には日本人の同席はまれで、康昌は得意の英語を駆使して連合国側の情報を収集していたようである。宮内大臣や侍従長では目立ちすぎて〝天皇家の密使〟にはなりにくい。

日記によると二十二年十二月三十一日、『来訪　田中隆吉氏、山崎晴一氏』とある。同家に五十年来いる執事の証言などを総合すると、大晦日の午後十一時半から元旦の朝四時までと思われる。

二人から東条証言を翻させようというキーナンの作戦を聞いた松平は、内大臣秘書官長として仕え、東条と一緒に巣鴨刑務所にいる木戸幸一に会い、木戸を通じて東条に再証言を依頼した。一月六日の法廷で東条は、日本人は誰でも天皇の命に従うとさきに述べたが、それは正しいかとのキーナンの質問に対し、『それは私の国民的な感情を申し上げたのであって、陛下の責任問題とは別です。』と天皇の責任を打ち消す答弁をした。松平康昌の工作は成功した。

藤樫準二は松平と親しかった宮廷記者である。『キーナンと松平は、来日の早々から接触をつづけていました。自邸のほか、東京会館や精養軒で、よく会っていたようです。二人はとても緊密でした。』『キーナンが帰国する前のことです。松平に、天皇に会わせろ、といって来た。天皇に会うときは宮内省の御用係が通訳につくのですが、キーナンはお前がやれと命じ、そのとおりになりました。』

宮内府次官・加藤進は『宮内省としてはキーナンにたいへん感謝している』と語る。『戦争裁判を通じて、松平氏が連合国側の情報をとってくれていました。とくに、キーナンを通じて、米首脳部の考え方は早くからわかっていました。東京裁判の裁判長、ウィリアム・ウエッブとキーナンの対立も松平さんから聞いていました。』

天皇家のコック、大膳の職員はプライドが高く、天皇が出席する午餐、晩餐など公的な料理のほかは、天皇の三度の食事しか作らない。それが、松平邸に出張料理までしたということは〝天皇家の密命〟があったためではないだろうか。

康昌が外国人と交際したことについて、多くの人は『身ゼニを切って皇室を守った』という。皇室の藩屏《はんぺい》として〝身ゼニ〟を切ったのは事実である。だが、ある高官は『何度かはウラ金を作って渡した。』という。松平公爵の晩餐会は　宮内省ぐるみ《ママ》の情報収集作戦だった」(注48)

昭和天皇は、マッカーサーの勧めで全国巡幸をしたが、その際は精力的にキリスト教会も訪れた。

『天皇家の密使たち』の解説において袖井林二郎は次のように書いている。

「占領の初期に皇室があげて、聖書の講義を聞き賛美歌を歌うところがある。マッカーサーが日本をキリスト教国とすることを　神に託された使命と信じて努力したことは有名な話だが、皇室がキリスト教にかくも盛大な理解を示す姿は、この青い目のショーグンを大いに満足させたに違いない。しかし、神道の大元締めである天皇が　キリスト教に宗旨替えするはずは絶対になかった。にもかかわらずこうしたゼスチュアをして見せるところに、天皇家のしたたかさがあるといえよう。それが智将山梨大将（※）のアドバイスによるとしてもである。（※山梨勝之進、海軍軍人。昭和天皇から信頼され、皇太子の教育のため学習院院長となる。）

『マッカーサーと裕仁との関係は親愛そのものである。元帥は天皇を自分の息子であるかのように応対する。』と書いたのはジョン・ガンサーだが（『マッカーサーの謎』）、ここにも実さい《ママ》の支配者と良好な関係を保つという、歴代の天皇が身につけた適応能力が現れているといってもいいであろう（注49）」

当然のような政治干渉

昭和天皇は、「沖縄売渡しメッセージ」五カ月後の一九四八年二月二十六日、再び寺崎を通じ、「第二メッセージ」をマッカーサーの政治顧問、シーボルトに送った。

「現実的政策としては、南朝鮮、日本、琉球、フィリピン、そして可能ならば台湾を米国の最前線地域として選ぶというものであろう。米国の安全保障区域の境界線が右記の地域を最前線として明確に設定されるならば、東洋における米国の立場は鉄壁になるであろう（注50）」

日本国憲法が施行されて十カ月後のことであり、天皇は国政に関する権能を有しない、単なる象徴となっていたにもかかわらず、国政に口を出し――それも、政府の頭越しに――日本国憲法を蹂躙することなど、まったく気にしていなかった。

彼は、いつまでも大日本帝国の統治権の総覧者気分だった。だから、三月十日も、首相に就任した芦田均に対して日本国憲法違反の内奏をさせ、「共産党になんとか手を打て」等、政治干渉を行った。『芦田均日記』から、その様子を見てみよう。

「（※天皇は）『共産党に対しては何とか手を打つこと　が必要と思ふが』と仰せられた。私は共産党の撲滅は第一には思想を以てしなければなりませぬと御答した。そして下のような意味を言上した。

共産党と雖《いえども》　合法政党でありますから非合法手段をとる場合でなければ　手をつけることは出来ませぬ、進駐軍にしても本国のような法律が日本にない以上　進んで弾圧する訳にも行かないので兎角《とかく》　控え勝であります、と。

次に聖上は　左派の入閣はどんな影響があるかと申されたので、容共左派でない限り　加藤、野溝の程度ならば、大きな影響はあり得ないと存じます、左派の入閣は　却つて左派を穏健にする所以《ゆえん》でありましようと言つた（注51）」

同日記、五月十日付は次のように記載されている。

「私は更に　新憲法によつて国務の範囲が限定せられ、旧来のように各大臣が所掌政務を奏上致さないことになりましたが、然し陛下に対する閣僚の心持には毫末も変りはありませぬと申上げた。陛下は、それにしても芦田は直接に宮内府を監督する権限をもつてゐるから、時々来て話して呉れなくては……と仰せられた。左様致しますとお答へした」(注52)

国政に関する権能を有しない天皇が、主権者国民代表の芦田首相に対し、「国政に関する内奏をしてくれなくて、自分の意見を国政に反映させてくれなくては困るから、内奏に来てくれ」と命じたとき、芦田首相は「さよういたします」と答えるしかなかったのだろうか。

十月七日、「アメリカの対日政策に関する勧告についての国家安全保障会議報告」(NSC13/2)は「(※日本軍国主義者の)公職追放打ち切り、A級戦犯裁判の終結」(注53)を決定した。冷戦の深まりの中で、日本の民主化の徹底よりも、反共のために、日本の侵略戦争を推進した日本軍国主義者たちを復活させ、同盟することがアメリカの国益となった。

そして、十一月四日から十二日にかけて、東京裁判の判決が言い渡された。

「一九二八年一月から敗戦までの日本の対外戦争の準備、開始、遂行の一連の日本の軍事行動を侵略戦争」と断定し、東条ら七人が絞首刑となる。(注54)開戦前から昭和天皇と一体となって戦争政策を推進した内大臣だった木戸幸一は一票差で死刑を免れ、終身刑となった。彼は敗北必至と認めてからは和平派に転向し、昭和天皇がなかなか和平に踏み切らないところをもみほぐすのに時間がかかったが、最後は「天皇が救世主として国民を救う」という『聖断』シナリオを成功させた。

昭和天皇は、彼の命に従って戦争をした股肱の臣らに死刑判決が下った日、宮内府長官を通じてマッカーサーに対し「退位しない」というメッセージを送っていた。(注55)

5　天皇は木戸の退位進言を拒否した

木戸の退位進言

木戸幸一は内大臣として、天皇の信頼厚い股肱の臣であった。彼は統治権の総覧者にして大元帥である昭和天皇が、本心から対英米戦争を選んだことを、天皇の常時輔弼者として一番よく知っていた。そして、彼は天皇が普通の人間であることよく知っており、天皇バンザイ教カルト信者ではなかった。一九五一年十月十七日、サンフランシスコ講和条約が締結された一カ月後の木戸の日記には以下のように記載されていた（次頁に原文抜粋）。

「陛下に御別れ申上げたる際（※一九四五年十二月十日、A級戦犯容疑者として巣鴨刑務所収容直前の拝謁の際）にも言上し置きたるが、今度の敗戦については　何としても陛下に御責任のあることとなれば、ポツダム宣言を完全に履行になりたる時、換言すれば講和条約の成立したる時、皇祖皇宗に対し、また国民に対し、責任をおとり遊ばされ、御退位遊ばさるるが至当なりと思う。今日の趨勢より見れば、或いは之は難しき問題なるやを知らざれど、しかし現在　表面に顕《あらわ》れたる過渡的の動きや　米国その他の諸国の思惑等は度外視し、真理の示すところに従い、御行動になるが至当にして、これにより戦没、戦傷者の遺家族、未帰還者、戦犯者の家族は　何か報いられたるが如き慰を感じ、皇室を中心として国家的団結に資することは　頗《すこぶ》る大なるべしと思わる。

もし　かくのごとくせざれば、皇室だけが遂に責任をおとりにならぬことになり、何か割り切れぬ空気を残し、永久の禍根となるにあらざるやを虞れる（注56）」

しかし、昭和天皇は「真理の示すところに従」おうとはしなかった。対英米開戦の判断の過ち、早期和平を拒否し、戦争を継続したための犠牲者激増の責任を、決して認めなかった。死ぬまで認めなかった。彼が本心から対英米開戦を決断し、日本国民（植民地朝鮮、台湾の人々を含め）を戦争に強制的に狩り出したことをよく知っている、天皇バンザイ教カルト信者ではない弟宮たちや母を含めた皇族たち、同じく天皇バンザイ教カルト信者ではなかった臣・近衛や木戸らから出された、戦争責任を認めての退位の勧めを拒否した。この場合の責任とは敗戦責任、道徳的責任のみであるが……。

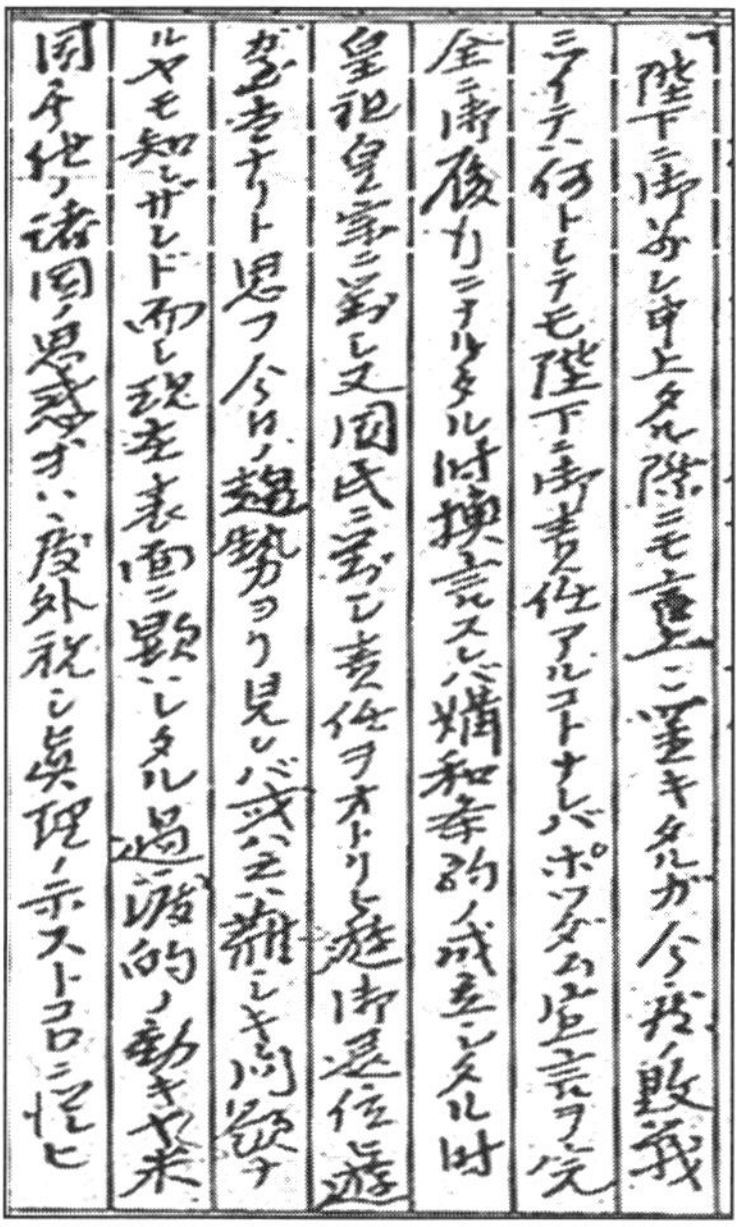
陛下ニ御別レ申上タル際ニモ言上ニ置キタルガ今度ノ敗戦ニ付テハ何トシテモ陛下ニ御責任アルコトナレバ、ポツダム宣言ヲ完全ニ御履行ニナリタル時換言スレバ講和条約ノ成立シタル時皇祖皇宗ニ対シ又国民ニ対シ責任ヲオトリ被遊御退位被遊ガ至当ナリト思フ。今日ノ趨勢ヨリ見レバ或ハ之ニ難シキ問題ヲ生ズルヤモ知レザレド而シ現在表面ニ顕ハレタル過渡的ノ動キヤ米国其他ノ諸国ノ思惑ナド度外視シ真理ノ示ストコロニ従ヒ

内大臣・木戸日記

『大右翼史』という著作の中で、小島玄之という人物が次のように書いている。

「大東亜戦争の詔勅が、天皇の御名において出され、その後　敗戦に至るまで『大君の辺にこそ死なめ』と、幾十幾百万の青年が、米英撃滅戦の戦線に散化《ママ》しましたところが、敗戦の結果　占領され、戦争裁判になると、宣戦の詔勅は天皇の本心でなかったと、宣戦当時の東条首相はじめ君側《くんそく》の責任者達は弁明しています。『宣戦の詔勅』は、天皇のご本心であったのか、なかったのか。これは重大な問題です。もし御本心でなかったというのが真実だとすれば、それを御本心と信じて、米英撃滅戦に尊い命を捧げた数知れぬ英霊は、全く浮かばれないことになりますし　もし　それが御本心だったとすれば　戦争裁判から、天皇御一人がその罪を免れるために、側近達が寄ってたかって世界にゴマ化しの手を打ったということになり　甚だ怪しからことであります」(注57)

「米英撃滅」を命じた宣戦の詔勅は、昭和天皇の「御本心だった」のが真実である。「とすれば戦争裁判から、天皇御一人がその罪を免れるために」昭和天皇と「側近達が寄ってたかって世界にゴマ化しの手を打ったということになり　甚だ怪しからことであります」という歴史が作られた。そして、この事実を、歴史から削除することはできない。

昭和天皇は「戦争裁判から、天皇御一人がその罪を免れるために」「世界にゴマ化しの手を打った」のである。そして、自分の頭上に君臨したマッカーサーに屈従して、天皇の地位にとどまった。マッカーサーは「昭和天皇には戦争責任はない」という真っ赤なウソを作り上げて恩を売り、天皇に協力させたほうが自分の日本占領政策の利益となった。そして、それは当時の昭和天皇にとっても最善の利益であった。

退位の意志なし

一九九九年、昭和天皇の死後十年経って『徳川義寛（※侍従）終戦日記』が公刊された。その中に「天皇退位問題の推移」という項目がある。そこに、一九六八年四月二十四日、稲田周一侍従長に昭和天皇自らが語ったこととして、次のような言葉が記録されていた。

「わたしの任務は祖先から受け継いだ此の国を子孫に伝えることである」

「もし退位した場合はどうであろう。何故　退位したかと問われるであろうし、混乱も起るであろう。又　靖国神社の宮司にまつりあげて何かしようとしている人々もあるとのうわさもあり、又摂政になると予期して、戦時中の役目から追放になる身でありながら　動きを見せた皇族もあるから、退位はなさらないほうがよい　と言ってくれたのは松平慶民《よしたみ》であった」

「木戸内大臣が終戦前に　将来　退位問題が起こるであろうと言ってくれた時、反対はしなかったが、その時とその後では事情が違う。退位するといったことはない[注58]」

メモであるから、分かりやすいように（）の言葉を補ってみる。

「わたしの任務は（アマテラスという太陽神から続く）祖先から（永遠に支配権を与えると決められて）受け継いだ此の国（日本の支配権）を私の（直系の）子孫に伝えることである」

「木戸内大臣が終戦前に　将来（自分が退位しなければ、天皇制が護持できない可能性がある、ということで）退位問題が起こるであろうと言ってくれた時、反対はしなかったが、（退位するしかないかな、と少しは思った）その時と（マッカーサーにすがって、自分の天皇としての地位が安泰となった）その後では事情が違う。（だから、わたしは口先では、木戸など何人かに『退位する』と言ったことはあるが、本心から）退位すると言ったことはない」

昭和天皇は、敗戦から講和条約発効までの期間、口では「退位」という言葉を発したこともあったが、実はそれは本心ではなく、全く退位の意志はなかったということを、この上なく明瞭に、自ら述べていたのである。なぜなら、それは、彼が本心から納得して選んだ対英米開戦の判断の過ちを認めることになるからである。「もし退位した場合は」当然、「何故、退位したかと問われる」のだから。

日本国憲法によって、もはや、彼もその子孫も「此の国を」支配する権限を剥奪されている。しかし、彼はそれを死ぬまで認めなかった。日本肇国以来の無惨な犠牲を国民に強い、その何倍ものアジアの人々に無惨な犠牲を強いた過ちの責任は、すべて東条ら臣下や付和雷同の国民に押し付けて、彼は決して自分の責任を認めなかった。この国を、自分の家の私物であると見ていたからである。そして、その昭和天皇の家の私物であるこの日本国の支配権を、自分の直系の「子孫に伝えること」を「任務」としたのである、死ぬまで……彼の「任務」は「国民の幸福を常に祈念する」ことでは全くなかった。

ちなみに「摂政になると予期して、戦時中の役目から追放になる身でありながら　動きを見せた皇族」とは弟高松宮のことだろう。東条内閣が対英米開戦を決定したから、立憲君主だった昭和天皇は本心では反対でも従うしかなかった、などという歴史事実は存在しないことを、昭和天皇が世界で一番よく知っている。自身が本心から納得して、対英米開戦を決断し、高松宮の早期和平進言を頑なに拒否した疚《やま》しさのある昭和天皇にとって、彼は目の上のコブだっただろう。高松宮にしても、もちろん、目的は天皇制護持のための早期和平論だったが……それでも、そうしてさえいれば、どれだけ多くの「たふれゆく民」の命が、運命が、国の内外にわたって救われていたことか……。

6　天皇は政府の頭越しに日本国の主権も売り渡した

米軍の駐留を要請

一九四九年十月一日、中国内戦を勝利した毛沢東が中華人民共和国の成立を宣言した。その一カ月後の十一月一日、米国務省は対日講和案の起草準備中と発表した。

二十六日、天皇とマッカーサーの第九回会見が行われた。

元帥「なるべく速やかに講和条約の締結を見ることが望ましいと思います」

天皇「ソ連による共産主義思想の浸透と朝鮮に対する侵略等がありますと、国民が甚だしく動揺するが如き事態となることを惧《おそ》れます。ソ連が早期講和を称《とな》えるのも共産主義に対する国民の歓心を買わんとする意図に外ならないものと思います」

元帥「主権を回復すると同時に日本の安全を確保する何らかの方法を考えなければならないと思います。……数年間過渡的な措置として英米軍の駐留が必要でありましょう」

天皇「ロイヤル国防長官の日本放棄説はその後の否定にも拘らず日本の朝野において　尚懸念を抱くものがあります。日本として千島がソ連に占領され　若し台湾が中共の手に落ちたならば　米国は日本を放棄するのではないかと心配する向きがあります」

元帥「あの声明は実に不幸な声明でした。然し米国の政策は全く不変です。米国は極東を共産主義の侵略から守るために固い決意をしております。米国は日本に止まり、日本および東亜の平和を擁護するために断固として戦うでありましょう」

天皇「お話を伺い安心致しました（注59）」

国政に関し、なんら権能を有しない昭和天皇が、大日本帝国下の統治権の総覧者の規定さえをも超え、国務大臣のなんらの輔弼もなしに、政府の頭越しに日本の講和、安全保障、共産主義対策などを、占領軍最高権力者に掛け合い、「米軍の駐留＝占領の継続＝主権侵害」を要求し、同意させていた。国民の全く知らないところで……。

翌一九五〇年四月十八日の第十回会見も、同じ調子であるが、天皇は、より明確に反共同盟を結ぼう、という提案を行っていた。

天皇「日本の安全保障の問題ですが、米国は極東に対する重点の置き方が欧州に比して軽いのではないでしょうか？」

元帥「米国は従来欧州第一主義の政策をとってきております。このバランスの誤りが中国の悲劇を招いたのであると思います。米国世論も段々自体を認識し、極東に焦点を向けるようになって参りました」

天皇「イデオロギーに対しては共通の世界観を持った国家の協力によって防衛しなければならないと思います」

元帥「共産主義はマルキシズムに立脚した独裁制をもって世界制覇を目論んでおります。其の手段は暴力に訴え巧みであり極めて危険であります。自由主義諸国も充分其の危険を自覚して互いに協力しなければならないと思います」（注60）

この会見から二カ月後の六月二十五日、朝鮮戦争が勃発する。その翌日、天皇は米国務長官ダレスに口頭メッセージを送る。前述の『天皇家の密使たち』の登場人物、天皇側近の松平康昌が友人のニューズ・ウィーク東京支局長パケナムを通して渡したものである。

天皇「講和条約、とりわけその詳細な取り決めに関する最終的な行動が取られる以前に、日本の国民を真に代表し、永続的で両国の利害にかなう講和問題の決着に向けて真の援助をもたらすことのできる、そのような日本人による何らかの諮問会議が設置されるべきであろう」

ダレス「宮中がマッカーサーをバイパスするところまで来た」「今回の旅行における最も重要な成果」(注61)

パケナムもこう報告する。「『トップサイド』の人びとのあいだに、かりに朝鮮戦争でアメリカが負けるならば全員が『首切り』にあうのではないか、という恐怖感が広がっている。(注62)」

昭和天皇は、敗戦後の天皇制の危機・自分の地位の危機＝退位要求を真っ赤なウソで乗り切った。それなのに、朝鮮戦争で北側が勝利すれば天皇制は護持できなくなる、と焦っていたようだ。だから、自分が与えた憲法九条にまだこだわっていたマッカーサーと彼に従う吉田茂首相のコンビの頭越しに、日本の侵略戦争推進者、軍国主義者として公職追放されていた政治家・軍人の復帰を、直接、トルーマン米大統領の講和特使・アメリカ政府代表として来日したダレスに働きかけたのである。

基地は貸したくない

昭和天皇が気に入らなかった吉田茂首相の米軍基地問題についての考え方は、七月二十九日の参議院外務委員会での伊達源一郎（社会党）・金子洋文（同）議員との問答で明らかになる。
伊達「外国の軍備は基地を有効に動かすことであって、その目的は日本を守るということではないと思います。基地によって日本は安全を保障されるかどうかということが非常な疑問」
吉田「今日においてはまだ軍事基地を日本に要求する国もなければ、又むしろ軍事基地を設けないほうがいい。少なくとも日本の四つの大きな島には軍事基地を設けたくないという国の議論のほうが多いのであります」
金子「内外ともに吉田さんは軍事基地を貸すつもりでおるのだ、腹はそう決まっておるのだ、という声は消えて行かない。……この際勇気を振るって軍事基地は貸すつもりはないと、こういう考えを内外に声明なさったほうがよいように思いますが」
吉田「私は軍事基地は貸したくないと考えております。……単独講和の餌に軍事基地を提供したいというようなことは、事実毛頭ございません。……（連合国側も）要求する気もなければ、成るべく日本を戦争に介入せしめたくないというのが、日本に平和憲法といいますか、戦争放棄の憲法を拵《こしら》えるのがいいと希望した連合国の希望だと思います（注63）」
こうした状況下、八月初め、昭和天皇は、またもや日本国憲法を蹂躙する秘密外交メッセージをダレスに送った。「日米両国の利益に『最も有益な効果』をもたらすであろう行動は『追放の緩和』である。」「現在は沈黙しているが、もし公に意見表明がなされるならば、大衆の心にきわめて深い影響を及ぼすであろう多くの人々」が「仮に彼らの考え方を公に表明できる立場にいたならば、基地問題をめぐる最近の誤った論争も、日本の側からの自発的なオファによって避けることができたであろう。（注64）」

自国を占領する外国軍に、独立後は、「軍事基地は貸したくない……単独講和の餌に軍事基地を提供したいというようなことは、事実毛頭ございません」という主権者国民の代表である首相の、主権国家の主権を守るための当然の主張を、昭和天皇は「誤った論」とアメリカ政府代表に言明した。これが、国政に関する権能を有しない、およそ、講和・安保などという「国政」そのもの、政治そのものに、口を出す権限の全くないはずの日本国憲法下の象徴天皇の言動だった……彼は、さらにいうのである。自国を占領する外国軍に対し、占領されている国のほうから「独立後も、どうぞ、占領し続けてください」、軍事基地の「自発的なオファ（提供）」をいたします、と。

主権を差し出した天皇

使節団が来日した翌日の一九五一年一月二十六日、最初の使節団スタッフ会議においてダレスは、「我々は日本に、我々が望むだけの軍隊を望む場所に望むだけの期間だけ駐留させる権利を獲得できるであろうか？　これが根本問題である（注65）」と発言していた。それは独立国にとっては明白な主権侵害となるものだから、ダレスは困難と見ていた。しかし、昭和天皇は、易々《やすやす》とそれを差し出したのだ。

このころは、アメリカ国務省内にも「沖縄は日本の一部である。返して非軍事化すべき」という意見も存在していたのだった。『日本国憲法の誕生』（中公文庫）の著者、古関彰一は言っている。

「アメリカ国内においても、国務省などはアメリカ側が施政権をもつとすれば、百万人近い人を預かってしまうのだからかえって面倒くさいということも含めて相当慎重であったり、かなり軍部に対しては反対であったと思います。ところがアメリカ政府部内の文書が公開される前は沖縄の分断はアメリカの強い要求であった、あれは致し方なかったといわれてきたわけです。それこそ歴史に『イフ』を持ち込んではいけないと言いますけれども、今日の時点から考えますと、もし仮に沖縄は日本の領土であり分断に反対だと日本政府が明確に主張していれば、その後の歴史はかなり変わった可能性がある。日本政府の沖縄に対する考え方は非常にあいまいであり、同時に沖縄に生きる人びとのことを全く考えていなかった(注66)」

「沖縄に生きる人びとのことを全く考えていなかった」昭和天皇は、一九五一年二月十日、自分から希望して、ダレスと会見した。ダレスが「米軍駐留は――『日本側の要請』に応えてアメリカが施す『恩恵』であるという――『論理』をそのまま展開した。昭和天皇は『衷心からの同意』の気持ちを表明した(注67)」のだった。ダレスに言われる前に、その売国行為を、昭和天皇自身がダレスに提案していたのだったから……。これが、吉田内閣の対米交渉をいかに不利に稚拙なものにしたか、豊下楢彦『安保条約の成立』は詳細に明らかにしている。

同年四月十五日、朝鮮戦争に対する強硬論で対立し、トルーマン大統領によって解任されたマッカーサーと昭和天皇は最後の第十一回会談を行った。昭和天皇はマッカーサーに言う。「戦争裁判に対して貴司令官が執られた態度に付、此機会に謝意を表したいと思います。(注68)」(傍点は豊下)

東条や木戸幸一ら股肱の臣を死刑、終身刑に処し、昭和天皇は免罪した「戦争裁判」である東京裁判――東京大空襲や原爆で彼の赤子を虐殺したアメリカの戦争犯罪は免罪した裁判――に対して、昭和天皇はあらためて心からの感謝の意を、日本から去るマッカーサーに伝えたのだった。「平和を願う天皇の御心に逆らって対英米開戦をした東条」と仕立てあげ、自分は罪を免れたことを感謝する天皇は、その逆臣らを神と祀る神社に額づくことができなくて当然だろう。

際限なき憲法無視

五月二日、またもや――実は際限なく――昭和天皇は「国政に関する権能を有しない」と定められた最高法規である日本国憲法を無視し、憲法尊重擁護義務を無視し、マッカーサーの後任リッジウェー司令官と第一回の会談を行った。(注69)

八月二十七日の第二回会談で同司令官は、日本が主権を回復したら国防上の責任を果たす必要がある、と指摘した。昭和天皇は「もちろん国が独立した以上、その防衛を考えるのは当然の責務。問題はいつの時点でいかなる形で実行するかということ」(注70)と答えていた。

日本国憲法第九条の「戦争放棄・陸海空軍の不保持」を放棄することは「当然の義務」であると、「国政に関する権能」そのものの言明を、昭和天皇は占領軍司令官に与えていた。

こうしたリッジウェーとの会見記録は歴史学者豊下楢彦によれば、リッジウェーとの通訳をした松井明の手記で明らかになったものという。(注71) 一九八一年十月二日付の侍従長『入江相政日記』には次のような記載がある。「(※通訳をした) 松井君がマッカーサー及びリッジウェーの御通訳の顚末を出版したいとのこと。とんでもないこと。コッピーを渡される。(注72)」

同月二十二日付『日記』には宮内庁長官の報告がある。「この間からの懸案の松井明君の通訳の記録の出版。侍従長、次長、官長すべて反対と告げ思ひとまってもらった由《ママ》。そして侍従長の秘庫に入れておいてくれとのこと。（注73）」

確かに、昭和天皇は、一九四七年五月三日から「国政に関する権能を持たない象徴」にすぎなくなっているのである。こんな会見記録が出版されたら、昭和天皇の日本国憲法蹂躙行為・売国行為が、通常の判断力のある国民には明々白々のものとなってしまう。

天皇の行為に責任を持つべき宮内庁長官＝内閣は、天皇に対し憲法違反をしないように助言し、憲法違反行為を絶対に承認してはならない義務を負う。しかし、宮内庁長官＝内閣は、昭和天皇の日本国憲法蹂躙を容認し、隠蔽した。前述の沖縄売り渡しに関する瀬長衆議院議員への真っ赤なウソ回答を、主権者日本国民に対して出し続けるのであった。

もはや、昭和天皇のその行為は白日の下にさらされ、彼が「裸の王様」であることは明白である。しかし、二十一世紀の今日現在も日本政府は「昭和天皇は平和主義者で、無私の人で、自分の身はどうなってもいいから国民を救ってほしいとマッカーサーに一身を投げ出した御仁慈の人、常に国民と苦楽をともにした人、常に国民の幸福を祈念していた人、常に国民とともに歩んだ人」と、虚飾そのものの美しい衣をまとわせて賛美し続けている。そして、無知なままにされている大部分の国民は、政府とマスメディアの結託による大宣伝によって「裸の王様」の賛美に加わり続ける。育鵬社教科書は、さらに未来の主権者である子どもたちにも、「裸の王様」を賛美し続けるよう、昭和天皇が着てもいない虚飾の衣をほめるように洗脳し続ける。

7　天皇は主権を売り渡した安保条約成立を慶賀した

日米安保のための講和

さて、一九五一年九月八日、サンフランシスコ講和条約と日米安保条約がワンセットとして締結された。日米安保条約は「全土基地方式」をとり、アメリカに「日本のどこであれ、必要と思われる期間、必要と思われるだけの軍隊を置く権利」を与えた屈辱的な不平等条約だった。

普通は、講和条約が締結されれば外国占領軍は撤退するものである。仲直りしたのだから……しかし、撤退しなくてすむように、同時に結んだ安保条約で占領軍はそのまま在日米軍として存在し続けてよいことになった。つまり、日米安保条約を結ばせるための講和条約であった。十五年も侵略され続けた最大の被害国である中国とは講和を結べないまま、日本の植民地支配の最大の被害国だった韓国・北朝鮮は無視し、米英をはじめとする西側諸国だけとの片務的講和条約だった。

そして、「日本のどこであれ、必要と思われる期間、必要と思われるだけの軍隊を置く権利を求める」ダレス＝アメリカ政府の望みどおりに、日本側から「自発的なオファ（提供）」をした在日米軍基地は、現在でも広大な日本の領土・領海・領空を治外法権として支配している。特に沖縄のそれは、日常的に沖縄県民の人権を侵害している。しかし、昭和天皇による日本国憲法蹂躙の政治介入を「臣　茂」と称した吉田茂内閣は拒否できず、まるで、幕末の不平等条約と同じような条約を結ぶことしかできなかったのである。

天皇・リッジウェイ会談

この八日後の九月十八日の第三回会見では、昭和天皇は同司令官に「『有史以来未だ嘗《かつ》て見たことのない公正寛大な（※講和）条約が締結せられた』ことを喜ぶとともに、『日米安全保障条約の成立も日本の防衛上慶賀すべきことである』と率直に述べた。(注74)」

その「有史以来未だ嘗て見たことのない公正寛大な（※講和）条約」は、「全土基地方式」という「歴史上かつて見たことのない」主権売り渡しの屈辱的な安保「条約」とセットのものであった。

翌一九五二年三月二十七日の第四回会見において、天皇は朝鮮戦争中の「（国連軍の）士気は」「制空権は」など一貫して戦況について質問した後、言った。「（共産側が）仮に大攻勢に転じた場合、米軍は原子兵器を使用されるお考えはあるか？」。リ司令官の回答は「原子兵器の使用の権限は米国大統領にしかない(注75)」だった。

昭和天皇は大日本帝国憲法に定められた大日本帝国の元首たる統治権の総覧者にして大元帥として、「御下問」という外形をとり――「単に質問しただけ」と逃げることができるので――「命令」を下すことを常套手段としていた。もはや、日本国の元首ではなく、統治権者ではなく、大元帥などでは全くないにもかかわらず、その気分で占領軍の司令官に対し「共産側に原子兵器を使ってはどうか」と教唆《きょうさ》したわけである。

天皇制の護持にこだわり続けたために、八月九日のソ連参戦まで、七月二十六日のポツダム宣言受諾＝降伏を決断できなかった昭和天皇によって、原爆の投下という惨害を受けた広島市民に対して、彼は言ってのけることができる人だった、「戦争中だったから、やむを得ない」と。

一九五二年四月二十六日の第五回会見においては、天皇は「日米安全保障条約に基づき貴司令官の統率の下に米軍が条約に規定された防衛義務を担当される訳であります」と言った(傍点は豊下)。しかし、当時の西村条約局長が「(米軍による)日本防衛の確実性が条約文面から消えうせた」と嘆いたように、この条約は米軍による日本防衛を義務づけていない(注76)。

そして、四月二十八日、サンフランシスコ平和条約と日米安保条約が発効し、沖縄県は昭和天皇の極秘の提案どおりに日本から切り離され、米軍の直接占領統治が続くことになった。

「米軍駐留は絶対必要」

一九五三年三月五日、ソ連の独裁者スターリンが死去し、二十日、中華人民共和国の周恩来首相が朝鮮戦争停戦の提案を行った。その一カ月後の四月二十日、昭和天皇はマーフィー米駐日大使と会見して語った。

「現在の脆弱な日本が共産主義者の策謀のターゲットである。」「朝鮮戦争の休戦や国際的な緊張緩和が、日本における米軍のプレゼンスにかかわる日本人の世論にどのよう影響をもたらすかを憂慮している。」「日本の一部からは、日本の領土から米軍の撤退を求める圧力が高まるであろうが、こうしたことは不幸なことであり、日本の安全保障にとって米軍が引き続き駐留することは、絶対に必要なものと確信している。」

マーフィー米駐日大使は（※蔣介石総統が）「共産主義者の最近の動向について昭和天皇と同様の危惧を表明」したことを紹介し、(同総統が)「日本、韓国、自由中国の三カ国によるなんらか

の形態の提携関係の構築が緊要である」と伝えると、天皇は答えた。「積極的で心からの共感の気持ち」と。(注77)

六月の朝日新聞の世論調査(注78)では、日本国民の意思は「米軍にいてもらいたい」は二十七%であり、「帰ってもらいたい」は四十七%に達していた。しかし、昭和天皇は朝鮮戦争が休戦し平和が訪れること、冷戦の緊張が緩和することを喜ぶどころか「憂慮」したのである。これが「平和主義者・昭和天皇」の「真姿」であった。そして、講和条約終了後も外国占領軍が居座り、日本国の主権を蹂躙していることを主権者国民が許さず、撤退を要求することを「不幸」として、絶対に反対であると、外国大使に語ったのである。日本国憲法を蹂躙し、「国政そのもの」、政治そのものに、口を出すことを、昭和天皇は全く躊躇したことがないようである。

一九五五年八月二十日、重光葵外相はダレス国務長官との会談のため、その三日後に訪米することになっていたが、那須御用邸までいき昭和天皇に内奏を行った。昭和天皇は重光に対し、命令を下した。「渡米の使命に付て縷々内奏、陛下より、日米協力反共の必要、駐屯軍の撤退は不可なり。」(注79)

それまで、鳩山一郎内閣・重光外相が準備していた「日米相互防衛条約(試案)」第五条は「日本国内に配備されたアメリカ合衆国の軍隊は、この条約の効力発生とともに、撤退を開始するものとする」となっていたが、重光はダレスとの会談において米軍の撤退を提起しなかった。(注80)

そして、その後、重光外相は前記したように、加瀬国連大使と共にニューヨークのアストリアホテルにマッカーサーを訪ねて昭和天皇の伝言を伝え、マッカーサーから、真っ赤なウソ物語の昭和天皇賛美を聞き、帰国後、読売新聞にそれを真実の物語として寄稿(掲載は九月十四日)した。この時、重光外相、及び加瀬国連大使は、公務としてマッカーサーのもとに行ったのか。

読売新聞寄稿文によると、重光への命令は「日米協力反共の必要、駐屯軍の撤退は不可なり」のほかにもあった。「〝もし　マッカーサー元帥との会合の機会もあらば、自分は米国人の友情を忘れた事はない、米国との友好関係は始終重んずるところである。特に元帥の友情を感謝して、その健康を祈っている〟と伝えてもらいたいとのことであった。」

昭和天皇は公私混同し、一国の外務大臣、大使を私用の使い走りに使ったのではないか……日本国憲法下で皇僕ではなく、公僕になったはずの外務大臣も大使も、そんなことを考えた形跡はなさそうであり、これを問題視したメディアはなかった。

重光は記している。「九月二十八日　十時参内。天皇陛下に帰朝内奏。渡米報告。華府会談、マッカーサー会見、外交一般問題。」(注81)

際限なき干渉

この翌一九五六年の二月十七日には、昭和天皇は駐米大使・谷正之にも米政府要人へのメッセージを渡すように命じた。「アメリカの軍事的・経済的援助が、戦後日本の生存に重要な役割を果たしてきたことについて深く感謝し、この援助が継続されることを希望する。日米関係が緊密であることを望み、それが両国にとって持つ意義を十分認識している。」(注82)
「アメリカの軍事的・経済的援助」の下で、沖縄県民が過酷な占領統治・弾圧に呻吟し、日本本土も広大な領土・領空・領海を米軍に支配され続ける属国化が、「戦後日本の」天皇制の「生存に重要な役割を果たしてきたことについて深く感謝し」それが「継続されることを希望する」と、国政＝外交権など全く持たない天皇が、外交官僚を使って、アメリカ政府に申し出ていたのである。

そして、二十八日、主権者国民の日本国憲法下で、天皇の臣、谷駐米大使は、この天皇メッセージをダレスに渡した。ダレスはアイゼンハワーに伝えることを約束した上、「日本の安定と統合において天皇が果たしている、目立たない、しかし、重要な役割に」に言及し、「将来の日本と、良好な二国間関係において、天皇の影響力は重要である」と谷に語った[注83]。

一九五八年十月六日　昭和天皇は、マケルロイ米国防長官と会見し、いつものごとくに日本国憲法を蹂躙し、「国政」に関する会話を行った。

天皇「強力なソ連の軍事力に鑑みて、北海道の脆弱性に懸念をもっている」

長官「アメリカ政府は、この地域（※アジア太平洋）の平和と安定のために日米協力がとくに重要だと考えている」

天皇「日米協力が極めて重要だということに同意」し、「軍民両方の領域におけるアメリカの日本に対する心からの援助に深い感謝[注84]」

この頃から、政府は日米安保条約の改定を考え出し、「対等な条約にする」という触れ込みだったが、実は、日米地位協定で、さらに従属を深めることになっていく[注85]。主権者国民は、大きな反対運動を起こした。当時の岸信介内閣の農林大臣だった福田赳夫は書いている。

一九六〇年五月二十一日、日ソ漁業交渉から帰国して「羽田に降り立ったときは安保反対のデモが最高潮に達していた。」「とにかく、二十万、三十万、時には五十万といわれる人たちが『安保反対』を叫んで国会を包囲する。」「数日後に」（天皇から）「『時に福田、これからは国務大臣として聞くが』『今のわが国の治安状況をどのように見ておるか』と切り出された。(注86)」

最高法規で「国政に関する権能を有しない」存在と規定され、その国事行為でさえ、内閣の助言と承認の下でなければなしえない、単なる象徴に過ぎない天皇が、主権者国民の代表を呼び捨てにし、臣下としか思っていないことがよく分かる。そして、安保反対の国民のデモを「治安状況」から見てよくないから、取り締まるように、と教唆しているのである。

昭和天皇は自分の地位の保障のために、日本国憲法をいやいや受け入れたが、自分の地位が保障された憲法施行直後から、日本国憲法を無視し続け、蹂躙し続け、大日本帝国憲法と変わりない主権者、元首のつもりで国政に口を出し、政治干渉を続けた。

8　宮内庁（天皇）は『風流夢譚』事件のテロを助長した

右翼テロの発生

一九六一年二月一日、『中央公論社』の社長宅が襲われた。社長夫人が重傷を負い、家政婦の丸山かねさんが刺殺された。犯人は大日本愛国党の十七歳の少年だった。

雑誌『中央公論』に、天皇夫妻、皇太子夫妻が革命で殺される場面を描いた深沢七郎の短編小説『風流夢譚』(注87)が掲載されたからであった。革命で彼らが首を切り落とされるといっても、「夢」の中の話であり、首が「スッテンコロコロ」「転がった」というようなカラッとした筆致で生々しさは全くなく、グロテスクさはない。私は「昭憲皇太后が逃げては（困る、困る）と思いながら、両股で首をはさんだまま」というような表現には少々怯《ひる》むものではあるが、名作コメディーだと思う。

特に「昭憲皇太后は金切り声で、『なにをこく、この糞ッ小僧、八月十五日を忘れたか、無条件降伏して、いのちをたすけてやったのはみんなわしのうちのヒロヒトのおかげだぞ』」という部分は、この真っ赤なウソ伝説を垂れ流す政府と結託したマスメディア批判としても白眉かと思う。作家は「みんな国民はわたしだちを有難がって、なんやかやしてくれるし」と昭憲皇太后に言わせ、敗戦後も七十年経っても続く天皇一族を「有難がって」いる国民についても忘れてはいない。また、御製という皇族の短歌の欺瞞についてのユーモラスなやりとりも面白い。

しかし、もちろん、宮内庁も右翼も、天皇バンザイ教カルトであってみれば、こんな小説を許すわけにはいかなかっただろう。民主主義の日本国憲法下、象徴である昭和天皇（宮内庁）には、「ひじょうに不愉快であり、私はあなたの小説には反対だ。だが、あなたがそれを表現する権利を、私は命をかけて守る」とヴォルテールを引用し、民主主義の根幹にある「表現の自由」を断固として擁護してほしかったが……しかし、民主主義＝「個人の尊厳と平等」が完全に欠落した「五箇条誓文が日本の民主主義を作った」などと公言できる人たちには、それは、絶対にあり得なかったことだった。ヴォルテールを知っているかどうかさえ怪しい。

被害者がお詫び

宇佐美毅宮内庁長官は、「皇族に対する名誉毀損、人権侵害」で告訴を法務省に検討させたといわれている。こういう宮内庁（天皇）の態度こそが、天皇バンザイ教カルト右翼の、中央公論への暴力を容認し助長したのである。宮内庁の抗議や右翼の集中攻撃・直接暴力にあった嶋中鵬二社長は、編集長を首にした上、被害者であるにもかかわらず、新聞広告に『お詫びと謝罪』を掲載し、ひたすら、右翼と宮内庁＝政府への恭順を誓った。右翼（加害者）の暴力に全面屈服したのである。

お詫び

『中央公論』昭和三十五年十二月号に発表された深沢七郎作「風流夢譚」は掲載に不適当な作品であったにもかかわらず私の監督不行届きのため公刊され、皇室ならびに一般読者に多大の御迷惑をおかけしたことを深くお詫び致します。

またこの件を端緒として殺傷事件まで惹き起し、世間をお騒がせしたことを更に深くお詫び申し上げます。

昭和三十六年二月六日

中央公論社社長　嶋中鵬二

他のマスメディアも「言論・表現の自由」を口先で表明した。しかし、天皇一家を殺す革命小説を掲載する「言論・表現の自由がある」と言明するところはなかった。本気で「言論・表現の自由」を守ろうとはしなかったのである。右翼テロに対し、日本政府とマスメディアは、ご褒美を与えたのであった。日本国憲法では「言論・表現の自由」が基本的人権の中核的権利として保障されているにもかかわらず、天皇一家・一族を批判する「表現の自由」は、日本国内では封殺された。右翼のテロに完全屈服したのである。天皇一家・一族を批判をしたら、基本的人権が保障されている日本国憲法の下でも、日本では生存権が保障されない、安全・安心が保障されない。日本で安心・安全に生きていくためには「天皇批判は禁止＝菊タブー」は犯してはならないのである。

したがって、マスメディアはひたすら、「昭和天皇は平和主義者だった。立憲主義者だったので心の中では反対だったが、東条内閣が決定した対英米開戦を防げなかった。しかし、昭和天皇は無私の人であるので、最後には自分の身はどうなってもいいから国民を救ってほしいと、マッカーサーに一身を投げ出した御仁慈の人である。昭和天皇は常に国民と苦楽をともにした人である。昭和天皇は常に国民の幸福を祈念していた人である」という、真っ赤なウソであることが、今では明らかな虚像を実像として、現在に至るまで何十年も垂れ流し続けている。マスメディアは、「裸の王様」昭和天皇の虚飾の衣装を本物の美しい衣装として大宣伝し、拡散し続けているのである。そして、大部分の日本国民は、裸の王様の虚飾の衣装を、本物の衣装と思い込まされている。

9　天皇は日本国憲法ではなく、大日本帝国憲法を守っていた!?

米軍事力を賞賛

一九六二年九月から顕著になったキューバ危機については、昭和天皇は以下のように「国政」に口を出していた。十月二十八日、ソ連が譲歩してミサイルを撤去し、第三次世界大戦か、という緊張が解かれて世界中が安堵した二日後の三十日の園遊会でのことである。

昭和天皇はスマート在日米軍司令官に「アメリカの力とアメリカがその力を平和に使った事実

米への謝意 繰り返す

昭和天皇の発言 米公文書で判明

米国の日本に対する援助に繰り返し謝意を述べる昭和天皇、その発言を本国に伝える米国の外交官や軍幹部――。今回、米国で見つかった公文書からは、日本国憲法下で「象徴」となった後も政治にかかわる発言をしていた天皇と米国の関係、という戦後史の一面が明らかになった。（石田祐樹）

「援助継続を希望」「ソ連の軍事力懸念」

天皇は、米国の日本に対する軍民両面の援助に、繰り返し感謝の念を表明している。鳩山一郎内閣の「自主外交」路線で日米関係が揺らぎを見せていた56年2月17日には、駐米大使として赴任直前の谷正之氏に次のように語った。

「米国の軍事的・経済的援助が、戦後日本の生存に重要な役割を果たしてきたことに深く感謝し、この援助の継続を希望する。日米関係が緊密であることを望み、それが両国にとって持つ意義を十分認識している」

そしてこのことを米国要人に伝えるよう依頼した。【谷氏がジョン・アリソン駐日米大使に語った内容を記した国務長官あて公電】

58年10月6日には、来日したニール・マケルロイ米国防長官にこう述べた。

「強大なソ連の軍事力から見ると、北海道の防衛さらに懸念を持っている」

ソ連は57年8月に大陸間弾道弾（ICBM）の開発に成功し、10月には初の人工衛星スプートニク1号を打ち上げ、西側に科学技術の優位を示していた時代だった。一方で、それに先立つ6月の岸・アイゼンハワー会談では、在日米軍地上部隊の大幅削減が発表されていた。

天皇は、同長官に日米協力は極めて重要だとし、米国の軍民両分野の援助に深く感謝した。また、長官が日本の発展に驚いたと述べると、天皇は笑みを浮かべ、「それは米国の援助と理解によるものだ」と応じた。【国防のマッカーサー駐日米大使発国務長官あて公電】

こうした天皇の発言を、米国側も重視していたことがうかがえる。

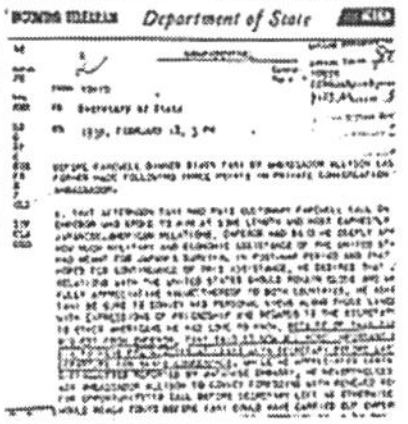

㊤昭和天皇（中央先頭）がジェイコブ・スマート在日米軍司令官に話しかけた62年10月30日の園遊会＝宮内庁提供　㊦昭和天皇が赴任直前の駐米大使・谷正之氏に56年2月17日、「米国の軍事的・経済的援助に深く感謝している」と語ったと記す翌日付の電報＝米国立公文書館蔵

に対して個人的に大いに賞賛し、尊敬している」「世界平和のためにアメリカが（※核軍事）力を使い続けることへの希望を表明」したのである。スマートは直ちに本国政府に電報報告を出した。「多くの人物が出席する園遊会で昭和天皇が米軍高官に話しかけてきたことは非常に大きな意義がある。何人かのソ連代表がこの会話の聞こえる距離にいた。」

ライシャワー米大使の報告は以下だった。

「キューバでの基本的問題に対する優れた理解を示している。……しかし、この出来事の真の重要性は……天皇やその側近が在日米軍に対する評価と感謝を表明するのにこの時期がふさわしいと判断したことだ。プレスから常に批判され、その死活的役割が政府高官から公的にはほとんど認められない米軍が、このような並外れた評価を受けたことは喜ばしい」（注88）

昭和天皇は園遊会において、国政そのもの、政治そのものである外交を、日本国憲法を蹂躙して行った。ソ連代表にも他の出席者にも聞こえる公の場で、アメリカの核軍事力と在日米軍を礼賛したのである。

自衛隊との結びつき

一九六三年五月七日、自衛隊の「礼式に関する訓令」が改正された。天皇・皇族の旅行に際し、自衛隊は堵列《とれつ》して出迎え、着剣して「捧げ銃」をすることになった。(注89) 日本国の最高法規である日本国憲法第九条に違反する新日本軍＝自衛隊と天皇とが結びついてきたのである。

一九六四年八月二日、トンキン湾事件が起こった。北ベトナム哨戒艇がアメリカ駆逐艦を魚雷攻撃したという報告があったとして、ジョンソン大統領は北ベトナムの軍事施設への報復爆撃を命令し、アメリカと北ベトナムとの全面戦争となった。一九七〇年、エルズバーグ博士によって、アメリカ政府秘密文書、いわゆるペンタゴンペーパーが暴露され、この報告は、ウソだったことが明らかになったが、以後、アメリカはベトナム戦争の拡大を続けていく。

九月十六日には、陸海空自衛隊の各総監、師団長、司令官が天皇に拝謁した。昭和天皇は言った。

「今後とも、国防の重責を自覚していっそうの奮励をお願いします(注90)」

日本国憲法下では昭和天皇は国政に関する権能を有しない、ただの象徴である。まして、大元帥ではない。しかし、彼は、主権者は国民であると定められた日本国憲法下で、死ぬまで自分は日本国の主権者・元首にして統治権の総覧者、大元帥である、と思い込み続けたようだ。

同年十月十日の東京オリンピックでは、彼は名誉総裁として、日本国憲法を知らない国内外の人々には日本国家を代表する「元首」としか見えない位置に立ち、開会を宣言した。

一九六五年からは、彼の言動を詳細に記録してくれた『佐藤栄作日記』を見ていこう。

「一月十八日　チャーチル氏病　愈《いよいよ》危篤。岸を吊問《ママ》に派遣する事に決定。十一時　宮中に陛下に報告をする。大変　熱心にきかれるので、一時間と十五分、大変な長説明となった。尚　昨日は酒十本を下賜される。その上　今日は皇后様から御菓子をいただく」（注91）

「六月三日　十時から組閣に入る（中略）五時参内。内奏を終了して認証式を六時十分に終了。陛下から文部、厚生、農政、経済、外交等全般に亘り御下問あり。御関心のほどを拝して感激する」（注92）

「一九六六年四月二十九日　天長節。今や天皇誕生日と云ふ休日（国民）。昔がなつかしい。それでも段々　国旗掲揚もふへて来た。沖縄同胞はなんとかして日の丸をかゝげ度いと云ふが、東京都民は日の丸にも不感症か。旗竿がないとも云ふ。かゝげる人が多くなれば　昔のように旗竿屋も出て来る事だろう。（中略）十一時半参内。三時半、今度は寛子を同道して再度参内。外交官、大公使の御接見。御手伝の意味か、これも大変よろしい。戦後はもうこの限りでは感じない」（注93）

主権者国民の公僕であるはずの日本国総理大臣が、昭和天皇の臣、皇僕として大日本帝国憲法下と同様に行動しているのである。昭和天皇も、日本政府構成者も、「戦後はもうこの限りでは感じない」ところまで来ていた。彼らには敗戦もなく、当然、敗戦後もなく、日本国憲法は存在せず、大日本帝国は健在なのであった。

同年六月二十五日には、祝日法が改正され、日本国民を主権者とする日本国憲法の下で、日本国の「建国記念の日」を、二月十一日とした。この日付は、八世紀のはじめに成立した古事記・日本書紀に記載してある、話としてはおもしろい神話＝作り話に基づく。「太陽神であるアマテラスが、ニニギという孫に鏡と玉と剣を、永久に日本を支配する証拠品として渡して、天から九州の高千穂に下した。そのニニギの曾孫が大和を征服して紀元前六六〇年の二月十一日、第一代の神武天皇になった」という大日本帝国憲法時代に、学校教育を通じて日本人に刷り込まれた荒唐無稽の作り話である。昭和天皇の末弟で歴史学者である三笠宮はこれには反対したが……。

国体は変わらず？

さて、また『佐藤栄作日記』に戻ろう。

一九六七年十一月十五日の記事は沖縄返還交渉について、佐藤が訪米しジョンソン大統領と会談して「両三年内」とめどをつけたことで、「陛下への報告ができると悦ぶ」(注94)とある。また、佐藤が「今回の訪米の前に天皇陛下に拝謁したところ、陛下も日本の安全確保ということを心配されていた。……中共が核開発を進めるに至ったことにも鑑み……我が国に対する核攻撃に対しても同じように適用されることを期待したい。沖縄返還も今日このようになって来ていることでもあり、それとの関連で、陛下は日本の安全についていろいろ心配しておられる」(注95)という公式記録もある。

昭和天皇は、沖縄返還のめどが立ったことを素直には喜んでいなかったのである。「日本の安全」のために、在日米軍基地における核兵器の確保を彼は望んでいたのではないだろうか。——昭和天皇が言う「日本の安全」とは天皇制の安全ということであり、そのために彼は、かつて敗戦直後、沖縄をアメリカに差し出したのだった――。

この年の六月、増田甲子七防衛庁長官は自衛隊員に「旧憲法でも新憲法でも国体が変わったとは思わない。天皇制は現在でも歴然としており、天皇の〝おおみたから〟として国民に信頼される隊員になって欲しい」と訓示した。(注96)

旧憲法と新憲法では「国体」は百八十度、変わったのである。旧憲法下では天皇は統治権を総覧する主権者・元首であり、軍隊の最高指揮権を持つ大元帥であり、国民に基本的人権はなかった。新憲法では、国民は主権者として基本的人権が保障されており、旧憲法下の軍国主義への反省に立つ第九条で軍隊は存在しないはずである。天皇は国政に関する権能を有しない儀礼的君主としてのみ存在する象徴に過ぎない。しかし、日本政府は昭和天皇と同様、日本国憲法など眼中にないようである。相変わらず、天皇は統治権を総覧する主権者・元首であり、軍隊の最高指揮権を持つ大元帥であり、国民に基本的人権のない旧憲法下に、日本国はあるのだった。

一九七一年四月十一日に行われた統一地方選挙において、東京都知事に革新の美濃部亮吉が、大阪府知事に革新の黒田了一が、京都府知事に革新の蜷川虎三が、横浜市長に社会党の飛鳥田一雄が当選した。その翌十二日付の『昭和天皇最後の側近　卜部亮吾侍従日記』には、昭和天皇の感想が記載されている。

「東京・京都・大阪を革新に奪われしは政府ショックならん」「政変があるかと御下問あり」(注97)……

昭和天皇はショックだったのだろう。革新が政変など起こしたら、天皇制はどうなるか、と憂慮したようだ。

天皇訪欧での厳しい批判

しかし、政変は起こらず、九月二十七日から十月十四日にかけて、昭和天皇夫妻は、日本国の元首であるかのように訪欧した。そして、各地で抗議行動に遭った。「ヒロヒットラー、ゴーホーム」のプラカードを見せられたり、卵をぶつけられたり、お手植えの木を引き抜かれたりされた。(注98)

日本国民の大部分は、昭和天皇が「裸の王様」であることを知らず、昭和天皇と日本政府とマスメディアが共謀して何十年にもわたって敗戦直後から流し続けた「昭和天皇は平和主義者だった。立憲主義者だったので、心の中では反対だったが、東条内閣が決定した対英米開戦を防げなかった。しかし、昭和天皇は無私の人であるので、最後には自分の身はどうなってもいいから国民を救ってほしいとマッカーサーに一身を投げ出した御仁慈の人である。昭和天皇は常に国民と苦楽をともにした人である。昭和天皇は常に国民の幸福を祈念していた人である」という美しい衣を着ている、と洗脳されきり、そう思い込んでいる。

しかし、そういう洗脳を全く施されていないヨーロッパの人たちは、昭和天皇の戦争犯罪、戦争責任を決して忘れていなかった。日本国民の洗脳に大成功し、日本国内では昭和天皇の戦争犯罪・戦争責任を追及する国民、「昭和天皇は裸の王様だ」と本当のことを指摘する人は非常に少ないので、日本政府と昭和天皇は、ヨーロッパの人々の、こういう当然の反応を見くびっていた。この経験は後の訪米には生かされることになる。

「沖縄県民の受けた大きな犠牲」と

一九七二年、五月十五日、沖縄の施政権が日本に返還されたときの昭和天皇の言葉は以下だった。

「本日、多年の願望であった沖縄の復帰が実現したことは、まことに喜びにたえません。このことは沖縄県民はじめ、わが国民のたゆまぬ努力と日米両国の友好関係に基づくものであり、深く多とするところであります。

この機会に、先の戦争中及び戦後を通じ、沖縄県民の受けた大きな犠牲をいたみ、長い間の労苦をねぎらうとともに、今後　国民が協力して、平和で豊かな沖縄県の建設と発展のために尽くすよう希望します(注99)」

昭和天皇がセルフ・インタレスト（米占領軍の歓心を買い、天皇制の保障、自分の地位の保障をしてもらう、という私利私欲）のために、沖縄を売り渡したことが明らかになったのは、雑誌『世界』の進藤榮一論文が発表された一九七九年だった。当然、この沖縄返還のとき、それは、昭和天皇と寺崎英成しか知らないことだった。天皇制の護持のために捨て石にされた「先の戦争中」の「沖縄県民の受けた大きな犠牲」、天皇制護持のために昭和天皇自身が与えた「戦後」の「沖縄県民の受けた大きな犠牲を」昭和天皇が本当に「いたみ」考えていたなら、まず、謝罪の言葉が出たはずであるが、昭和天皇の辞書には「国民への謝罪」という言葉はなかった。

『佐藤日記』によると「六月十九日　党内事情を内奏。（※天皇に）辞任の御ゆるしを願う(注100)」とある。日本国憲法下で首相になった佐藤栄作だが、彼は大日本帝国憲法下の首相であると思い込んでいたようである、

一九七三年一月十七日、自衛隊最高幹部六十一名が昭和天皇に拝謁した。天皇は「重大な職責を

自覚し、国家のためにますます職務に精励するよう望みます」と言い、統幕議長は「わが国の平和と独立を守るために全力を尽くし、もって聖旨に沿い奉る覚悟」と答えた。(注101)

そして、五月二十六日、増原恵吉防衛庁長官は、三次防の二・二倍となる大軍拡の第四次防衛計画を内奏した。昭和天皇は彼を激励した。「近隣諸国に比べ自衛隊がそんなに大きいとは思えない。国会でなぜ問題になっているのか。国の守りは大事なので、旧軍の悪いことは真似せず、いいところを取り入れてしっかりやってほしい」と。喜んだ増原防衛庁長官は、これを公表してしまった。「国会での防衛二法の審議を前に勇気づけられました」(注102)と。

これは、最高法規である日本国憲法第四条「国政に関する権能を有しない」に明らかに違反する象徴天皇の「政治行為」そのものである。そして、その事実を暴露してしまった増原防衛庁長官は「天皇を政治利用した」として、更迭された。しかし、日本国憲法を蹂躙して「政治行為」を行った昭和天皇に対して、内閣は、そういう行為をしてはならないという助言をしなかった。

10 天皇は自分の戦争責任を暴露する高松宮に激怒した

入江侍従の苦労

一九七五(昭和五十)年二月号の『文藝春秋』に、評論家で初代国連大使の加瀬英明によるインタビュー記事「高松宮かく語りき」が掲載された。また、その一年後にも同誌に『皇族団欒』として、加瀬が質問し、高松宮夫妻、甥の三笠宮寛仁、秩父宮妃勢津子が語り合ったことが掲載された。

これに対して、入江相政侍従はその日記に、昭和天皇が高松宮に対して非常に不満を示し、執拗に入江に文句を言っていたことを記録している。

「昭和五十年二月二十六日　一時過ぎお召で吹上、高松宮のことを書いた文春二月号の加瀬君のことに関して」「二月二十七日　お召、出たら二月の文春の高松宮のこと、昨日につづいてのことだった（注103）」

「昭和五十一年一月二十四日　拝謁。文春二月号も持っていっていろいろお話しする。二十六日の（※高松宮との）御対面の時にはお手やわらかにということと（中略）一遍よくお話を承ることになる（注104）」

「四月十九日　拝謁。（※天皇に）『皇族団欒』にはいろいろ誤りがある。一々言わないが、ああいうことは止めること。寛仁さんについては、身をつつしむようにと仰有ってはと申上げる。（※天皇は）『そうしよう』と仰有っていた（注105）」

「六月二十一日　お召で拝謁。進講のこと、東宮様のことなど。そして又　文春二月号のこと。いつまでもあとを引くもの（注106）」ということで、「六月二十九日」、「七月一日」、「七月三日」、「七月十二日」、「八月二十七日」、「十月四日」と入江は奔走させられている。

「年末所感」には「これ（※『文春』記事）が御上には非常に気に入らず、実に数え切れない程度々お召しがあった（注107）」とする。

一体、昭和天皇は、こんなに入江を奔走させ苦労させるほど、高松宮の言のどこがそんなに「非常に気に入らず」だったのだろうか。問題の記事を見てみよう。

「高松宮かく語りき」（文藝春秋一九七五年二月号）

「（※一九四一年）十二月一日には、和戦を決定するための最後の御前会議が開かれた。その前日、高松宮は宮中に参内し、天皇と会った。兄弟は五分間ほど、話した。宮は、海軍は開戦となったら二年以上は戦う自信がない（※開戦すべきではない）、と言った。天皇は、ただ、黙って聞いていた。そして、宮が話し終わると『そうか』とだけいわれた。宮は（※海軍）第一部第一課に勤務されていた。（中略）木戸の勧めもあって、天皇はすぐに嶋田繁太郎海相と永野修身軍令部総長を呼んで、もう一度、勝算について念を押された。（中略）天皇は、二人が退出すると、木戸を呼んで、『いずれも相当の確信をもって答えたから、首相に予定通りに進めるように、伝えるように』と、命じられた。」[注108]「宮が十二月一日の御前会議の前日に最後だということで、海軍の実情について、かなり強い語気で天皇に迫って以来、天皇は宮をけむたく思われるようになったらしい。」[注109]

「開戦の翌年六月には、日本の機動部隊はミッドウェー作戦において、壊滅的な打撃を受け、一挙に航空母艦六《ママ》隻を失った。

高松宮は、この直後に天皇に手紙を書いた。これは便箋一枚にペンで書かれたもので、ミッドウェー作戦によって海軍は基幹兵力を失った、もう戦争は『駄目』である。従って『終戦』の決意をされるべきである、と述べていた。宛名は『兄宮』となっていた」[注110]

「宮は（※一九四三年）十一月には細川（※護貞、近衛の娘婿で秘書『細川日記』の著者）に『数字の上から見れば、日本が必ず負けるという結論しか出ない。一日も早く和平を講じなければならない』と言われている。そして十九（※一九四四）年二月になると、細川に『いわゆる絶対国防圏を突破されたら、はっきりと負けたというほかない。（中略）もし、絶対国防圏が破られるようなことがあれば、速やかに休戦する。なるべく、良い負け方を考えなければならない』と語っている。（中略）この年（※敗戦の一九四五年）はじめころから、近衛は敗戦した場合、皇室が危うくなることを憂慮していた。宮も心配され、最悪の場合は終戦を前にして、天皇に退位していただかなければならないが、日本の歴史には退位した例はしばしばあり、憲法上問題があるとしても、欽定憲法であるから、変えれば良いと考えていた（注111）」

「宮は単独、あるいは皇族が集まることがあって、天皇と会うたびに、速やかに終戦をはかるべきことを申し上げている。また、何回か手紙も書いていられる（注112）」

確かに、弟から大衆誌にこんなことを暴露されてしまったら、昭和天皇には、心臓にグサッとナイフを差し込まれた気分になるかもしれない。この事実情報が多くの国民に知られると、昭和天皇が真っ赤なウソをついてきたことがはっきりしてしまうではないか……今まで、彼は、こう言ってきたのだ。

「（※開戦時から戦争を）いつやめるか、いつやめるかと、やめる時期を考えていました（注113）」「たふれゆく民のことを考えて、自分はどうなってもいいからと降伏した」（終戦の詔勅時）と……。

これだけでも、昭和天皇の怒りは強かっただろうに、その一年後の記事には……。

皇室団欒記事（『文藝春秋』一九七六年二月号）

「――（※終戦で）このように変わるべきだとか、何か、そういったような当時のご感想を……。

高松宮　このように変るべきだなんてことよりも先に、どう変えられるかということのほうが先行したんじゃない。まぁ何しろ陛下の戦犯問題が、もうその時は最高の焦点だったわけだからね（注114）」

「――ところで殿下、先日の陛下の（※一九七五年十月三十一日「戦争責任は言葉のあや」「原爆投下は戦争中だからやむを得ない」と言ってしまった）テレビはご覧になりました？

高松宮　実況は見なかった。あとで観たけど、いやだね。

高松宮妃　おいたわしくって……。

三笠宮　失礼な質問が多過ぎると、僕は思ったよ（注115）」

確かに、これは「御上には非常に気に入らず」だったろう。昭和天皇の戦犯問題については、もうすでに事実情報が全く隠蔽され、真っ赤なウソ情報だけが何十年も流布されて、世間は全く忘れている頃だった。それなのに、それを、高松宮は国民に思い出させてしまうではないか。後述する記者会見での「戦争責任は言葉のあや」「原爆投下はやむを得ない」などという発言をしてしまった、この記者会見については天皇自身、失敗した、と非常に悔やんだところだったろう。

しかし、これらは『高松宮日記』を見る限り、事実なのである。高松宮は天皇が「裸の王様」であることをよく知っていた。昭和天皇が本心から対英米開戦し、宮（や近衛）の早期和平提案にも耳を貸さず、いたずらに国民の犠牲を激増させたことをよく知っていた。そして彼は、天皇バンザイ教カルト信者ではなかったし、天皇が普通の人間であることをよく知っていた。だから、彼は誰はばかることなく、国民に犠牲を強いたのは天皇であった、というその事実を公開した。しかし、誰よりも、その事実をよく知っていたのは昭和天皇自身なのである。天知る、地知る、己知る。天皇バンザイ教カルト信者しか生活範囲にはいない入江は、「日本人のほとんどは、もはや、『昭和天皇には戦争責任があることを知らない』はずだのに、何を昭和天皇はそんなに気にするのだろう」と思い込んでいただろう。彼には、昭和天皇の異常な興奮の原因が分からなかったのではないだろうか。

しかし、これらの事実が高松宮によって、広く公開されてしまったら、せっかく、敗戦直後から、天皇、政府、マスメディアが結託して何十年と間断なく流し続けてきた――それは二十一世紀の現在も継続している――「昭和天皇は平和主義者だった。立憲主義者だったので、心の中では反対だったが、東条内閣が決定した対英米開戦を防げなかった。しかし、昭和天皇は無私の人であるので、最後には自分の身はどうなってもいいから国民を救ってほしいとマッカーサーに一身を投げ出した御仁慈の人である。昭和天皇は常に国民と苦楽をともにした人である、ともに歩んだ人である。昭和天皇は常に国民の幸福を祈念していた人である」という美しい衣が、実は虚飾であり真っ赤なウソであることが、分かってしまう。昭和天皇が何をしたか、全く無知なまま、「裸の王様」の美しい衣装をほめ続ける人のいい日本国民でも、この事実を知れば「裸の王様」が、裸であることを認識してしまうかもしれない……と、身に覚えのある昭和天皇は興奮せずにはいられなかったのだ。

そこで、昭和天皇は高松宮に「取り消せ」と迫った。「二、三年前の文春の対談記事で陛下のことが　私の話として間違って井《い》た　それを訂正しろ　と言うわけなので　どこの何が間違いなのか私には判りません　といえば　全文を取り消したらよい　といった按配なので　ここを訂正しろとか取り消せ　とはっきりお示しを戴かないと出来ない　と申したら　今　取り消しを約束すれば入江からそこのところを示させようと言う。（注116）」

身に覚えのある昭和天皇は、「二、三年前の文春の対談記事」をどうしても忘れるわけにはいかなかった。執念深く怒りを持ち続け、「二、三年」後になっても、弟に「全文を取り消せ」と迫ったのだった。

11　天皇は初訪米で謝罪したかのような発言をしたが――

下工作をして出発

一九七五（昭和五十）年九月末、昭和天皇は初訪米を予定していた。日本政府も天皇も、前記したような訪欧時の「戦争責任」を問うデモ等で苦い目にあった轍を踏まないよう、米ジャーナリストとの会見をセッティングした。天皇は「平和主義者」であったと、積極的に売り込んだ。これは、「訪米前に天皇の（※戦争責任はない、という）言葉を（※アメリカ国民向けに）報道してもらい、戦争責任追及を避けること」を「狙い」として、駐米日本大使らが外務省に求めたものであることが、外交文書公開で明らかになっている。（朝日新聞二〇一五年一月十五日付）
九月二十日の『ニューズ・ウィーク』記者による「陛下の戦前と戦後の役割を比較していただけませんか」という質問への回答は以下である。
「精神的には　なんらの変化もなかったと思っています。私は常に憲法を厳格に守るように行動してきた」（注117）

昭和天皇が「常に厳格に守ってきた憲法」とは、どういう憲法なのだろうか。主権者天皇の大日本帝国憲法と主権者国民の日本国憲法とは正反対のものであり。「精神的には　なんらの変化もなかった」とすれば、主権者日本国憲法の下でも、昭和天皇は「自分が主権者である。国民は臣下である」という精神を持ち続けた、ということである。

同月二十二日の外国人特派員団に対しては、彼は次のように語った。

「広い視点から見るならば、戦前と戦後の変化があるとは思っていません。（中略）日本の民主主義の基盤は、明治時代の初期にさかのぼるものです。わが国の旧憲法は、明治天皇の『五箇条のご誓文』に基づいていました。私はこの五箇条が日本の民主主義の基盤であったと信じています(注118)」「日本が再び軍国主義の道を歩む可能性があるとお考えですか」という質問には「いいえ、私はその可能性については、全く懸念していません。それは憲法で禁じられているからです」と答えた(注119)。

日本軍国主義復活を不可能とするために、日本国憲法は天皇を「国政に関する権能を有しない」象徴となし、第九条で軍隊の不保持を定めた。その最高法規である日本国憲法を蹂躙し続け、軍拡を重ねてきた新日本軍である自衛隊と緊密に結合してきた張本人が、そう語るのであった。

さらに、昭和天皇はぬけぬけと語った。「（※真珠湾攻撃は）軍司令部が細部まで決定した後に（※報告を）受けていただけ(注120)」だと……。

英語と日本語との違い

これだけの下準備──真っ赤なウソである「昭和天皇には戦争責任はない」という宣伝情報を、アメリカ向けにしておいて、九月三十日から十月十四日、天皇は訪米した。そして、ホワイトハウスでは「私が深く悲しみ（deplore）とするあの不幸な戦争の直後、貴国が我が国の再建のために温かい行為と援助の手をさしのべられたことに対し、貴国に直接感謝を申し述べる」(注121)と述べた。

聞きようによっては、戦争責任を認めて謝罪しているのかな……という感じがする、すこぶるあいまいな言辞である。ただ、英語の「deplore」とは、「悔悟」を意味し、強い後悔の念を表す言葉であるということなので、アメリカ政府・国民に対しては「私は対米戦争という誤った判断をしたことを深く後悔しています」というように、受け止められるようにしたのだろう。

しかし、日本国民に伝えるときは、全く、そんなふうに受け止められては困る。日本国民に対しては「私が、対米戦争という誤った判断なんかするはずありません」という真っ赤なウソを言い続けてきているのだから。したがって、日本語では「私が深く悲しみとするあの不幸な戦争」とした。つまり、日本国民に対しては「私はいかなる意味でも戦争の責任はないが、深く悲しんだのだよ。不幸な戦争だったねえ」としか言っていない。

帰国後の十月三十一日、昭和天皇の公式記者会見で『ザ・タイムズ』の中村康二記者が、ずばりとこの点に切り込んだ。「ホワイトハウスにおける『わたしが深く悲しみとするあの不幸な戦争は』というお言葉は、開戦を含め陛下が責任を感じていらっしゃるということですか。また陛下ご自身、戦争の責任についてどのようにお考えですか」(注122)と。

ジャーナリストとして、実に見事な質問であった。昭和天皇および日本政府と結託し、「昭和天皇は平和主義者だった。常に国民の幸せを祈念していた。戦争は望んでなかったが立憲君主だったので阻止できなかった」という真っ赤なウソ情報を宣伝拡散し続けてきた日本紙の記者たちには、絶対にできない質問だった。

返ってきた有名な回答はこうである。「そういう言葉のアヤについては、私はそういう文学方面は　あまり研究もしていないので、よくわかりませんから、そういう問題については　お答えできかねます。」

『木戸日記』『側近日誌』『高松宮日記』などのリアルタイムの記録は、「戦争責任」とは「言葉のアヤ」などでは全くないこと、「文学方面」のことではないことを、昭和天皇自身が誰よりもよく理解していたことを明らかにしている。昭和天皇こそ、誰よりも「戦争責任」について、よく理解していた。東京裁判に被告として起訴されれば、東条同様に死刑か、もしくは内大臣として天皇とほぼ一心同体で戦争政策を進めた木戸幸一が一票差の終身刑だったように、終身刑は免れないことを彼はよく知っていた。彼が対英米開戦を決断した。大日本帝国の統治権の総覧者である元首にして大元帥である彼しか、その決断は下せなかった。そして、彼は東条に対英米開戦の大命を下した。彼しか、その大命は下せなかった。彼は、それを大いに納得して下した。

だからこそ、彼は「戦争責任」を免れるために、マッカーサーに取り入り、沖縄を売ることをためらわず、全土をアメリカ軍基地に差し出すことをためらわず、側近たちを密使として使い、金に糸目をつけず、ＧＨＱ幹部や東京裁判の主席検事キーナンなどを饗応し、あらゆる手段を尽くして情報を手に入れ、必死の工作をした。そして、大成功した。

昭和天皇が、もし、本当に敗戦直後の一九四五年九月末、マッカーサーに向かい「私が全責任を負う。私の身はどうなってもいいから国民を救ってほしい」などと言っていたとしたら、それから三十年後の一九七五年、何を言っても彼の地位身分を脅かすものはいなくなった時期に「はい。開戦を含め、戦争そのものに責任を感じています。私が全責任を負います」と答えて何の問題もなかった。もちろん「私が全責任を負います」と本心から考えていたなら、誰が言わなくとも自ら敗戦直後、あるいは講和条約成立時に退位していただろう。しかし、昭和天皇は己の過ちを全く認めないまま、すべて東条ら臣下と付和雷同の国民のせいにして、死去した。

真の訪米目的とは

このときの昭和天皇の訪米目的は、「戦争責任を認めて謝罪すること」では全くなかった。そこはかとなく「アメリカに謝罪した」かのような言辞を弄して、アメリカ国民を納得させて手打ちをし、さらに、日本国の元首であるかのようにして日米軍事同盟の強化を約束する、という――それは、どこまでも日本の属国化の約束であるが――日本国憲法蹂躙そのものの、きわめて政治的な目的を持つものだった。

キッシンジャー国務長官が、正直にそれを証言してくれている。「(※天皇訪米は)非政治的なものとされているが……高度に政治的な含意をもっている」「日米関係が占領から緊密なパートナーに変化したその頂点をなすもの」であり、「日米(※軍事同盟)関係に実態的に貢献(注123)」した、と。

付け加えると、「宮内庁」は日本国憲法に無知な人々の集まりらしく、この時の「記者会見」について、「宮内庁は　公式には　記者会見という言葉を使うのを　いやがっていた。会見という言葉には　対等というニュアンスがあるからだ　ということだった（注124）」というような態度をとった。一九四七年五月三日から、主権者は国民なのであり、憲法擁護義務者の筆頭にある特別公務員ともいうべき天皇は国民の公僕の一人であることを、一九七五年になっても「宮内庁」は知らなかったのである。

12　「裸の王様」の死後も、明仁天皇と政府は虚飾の衣装を賛美した

異常な自粛現象

一九八八年九月十九日、昭和天皇の重体が発表された。すると、日本列島には祭りや運動会中止の「自粛現象」という異常な状態が出現した。翌年一月に亡くなるまで四カ月もの間、この日本列島の異常状態は続いた。

敗戦後四十五年近くも垂れ流され続け、洗脳された――それは二十一世紀になっても相変わらず垂れ流され続けている――昭和天皇についての作り話「昭和天皇は平和主義者だった。立憲主義者だったので、心の中では反対だったが、東条内閣が決定した対英米開戦を防げなかった。しかし、昭和天皇は無私の人であるので、最後には自分の身はどうなってもいいから国民を救ってほしいとマッカーサーに一身を投げ出した御仁慈の人である。昭和天皇は常に国民と苦楽をともにした人である、常に国民とともに歩んだ人である。昭和天皇は常に国民の幸福を祈念していた人である」と

いう、真っ赤なウソ情報を本当の話と信じ込んでいる無知で善良な日本人の三百万人が、「平癒祈念」の記帳に行った、と言われている。

こういう異常事態の中で、十二月七日、本島等長崎市長（自民党）が、議会で「昭和天皇には戦争責任がある」と、大日本帝国憲法の仕組みと歴史事実に対する常識的判断力があれば当然の事実を述べた。これに対し、自民党県連は「撤回」を要求した。本島市長は拒否した。自民党県連は、本島市長の自民党県連顧問という役職を解任した。大量の右翼街宣車が長崎市庁舎を取り囲み、市長に対し大音量で口汚く罵り続けた。

マスメディアは「表現の自由を守れ」と大合唱したが、「そうだ！　本島市長は正しい。昭和天皇には戦争責任がある！」とは、決して言わなかった。

明仁天皇の「お言葉」

翌一九八九年一月七日、昭和天皇は死去した。九日、明仁天皇は「即位後朝見の儀」を国事行為として行った。「朝見」とは「臣下が参内して天子に謁見すること」（ウィキペディア）をいう。

この時の明仁天皇の「お言葉」は次のようなものだった。

「顧みれば、大行《たいこう》天皇には、御在位60有余年、ひたすら世界の平和と国民の幸福を祈念され、激動の時代にあって、常に国民とともに幾多の苦難を乗り越えられ、今日、我が国は国民生活の安定と繁栄を実現し、平和国家として国際社会に名誉ある地位を占めるに至りました。

ここに、皇位を継承するに当たり、大行天皇の御遺徳に深く思いをいたし、いかなるときも国民とともにあることを念願された御心を心としつつ、皆さんとともに日本国憲法を守り、これに従って責務を果たすことを誓い、国運の一層の進展と世界の平和、人類福祉の増進を切に希望してやみません」(注125)

竹下登首相の奉答文はこうである。

「謹んで申し上げます。大行天皇には、国民の切なる願いもむなしく崩御あらせられ、誠に哀痛惜《お》くところを知りません。ここに、皇位を継承せられた英邁《えいまい》なる天皇陛下から、日本国憲法を遵守し大行天皇の御徳業を継述《けいじゅつ》するとともに、国運の一層の進展と世界の平和、人類福祉の増進を切望するとのおことばを賜りました。

国民一同、日本国憲法の下、天皇陛下を国民統合の象徴と仰ぎ、世界に開かれ、活力に満ち、文化豊かな日本を建設し、世界の平和と人類福祉の増進のため、更に最善の努力を尽くすことをお誓い申し上げます」(注126)

明仁天皇と竹下首相（日本政府）の結託宣言である。彼らは、これからもずっと真っ赤なウソである「昭和天皇は平和主義者だった。立憲主義者だったので、心の中では反対だったが、東条内閣が決定した対英米開戦を防げなかった。しかし、昭和天皇は無私の人であるので、最後には自分の身はどうなってもいいから国民を救ってほしいとマッカーサーに一身を投げ出した御仁慈の人である。昭和天皇は常に国民と苦楽をともにした人である。昭和天皇は常に国民の幸福を祈念していた人である。いかなるときも昭和天皇は国民とともに歩んだ」という作り話を「事実」として、国民に刷り込み続け、洗脳し続けていくよ、ということを誓い合った。

おとぎ話の「裸の王様」では、家来も町の人たちも「王様は裸だ!」と言った正直な子どもの言葉に、恥ずかしくなり、真実を言うことの大切さを思い出した。

しかし、日本では「王様は裸だ! 昭和天皇は最大の戦争責任者である。昭和天皇は平和主義者ではなかった。立憲主義者ではなかった。昭和天皇が、対英米開戦を決断した。昭和天皇は天皇制を守ることにこだわってズルズルと勝ち目のない戦争を続けて国民の犠牲を激増させた人である。昭和天皇は無私の人とは言えない。天皇の地位身分の保障という私利私欲のために沖縄をアメリカに差し出した。『自分の身はどうなってもいいから国民を救ってほしいとマッカーサーに一身を投げ出した』という嘘をつき続けた。昭和天皇は常に国民と苦楽をともにしなかった人である。昭和天皇は天皇制を守るために、アメリカに主権を売り渡し、属国化させる安保条約を、日本国憲法を蹂躙して推進した。昭和天皇は死ぬまで、国民主権の日本国憲法を認めなかった」という「子ども」は封殺される。

同月十八日、本島等長崎市長は銃撃され、重傷を負った。殺されなかったのは不幸中の幸いだったが、テロ犯の右翼は懲役十二年で出所した。何の反省もなく、右翼団体の幹部に出世しているという。

二月二十四日、昭和天皇の葬儀が行われた。政府は、大日本帝国憲法下の神聖君主だった大正天皇の前例にならった「神道行事」を国葬と同じ会場で連続して行った。ブッシュ(父)大統領ら要人を含め百六十四カ国からの参加があったが、オランダ王室、イギリス女王・皇太子、中国首相、韓国大統領らは不参加だった。

注1　『昭和天皇　二つの独白録』37～38頁
注2　同62頁、67～68頁
注3　『細川日記』下　450～451頁
注4　『資料日本現代史』341～343頁
注5　木下道雄『側近日誌』34頁
注6　同59頁
注7　同64頁
注8　同66頁
注9　同75頁
注10　同70～71頁
注11　同82頁
注12　同87頁
注13　新編『宮中見聞録』93～99頁　日本教文社　一九九八年、発表は一九六七年
注14　同100～108頁
注15　藤田尚徳『侍従長の回想』175頁
注16　注5　115頁
注17　『資料日本占領史』530～531頁
注18　同463～464頁

注19　「極東委員会及聯合国対日理事会付託条項」一九四五年十二月二七日　東京大学東洋文化研究所　田中明彦研究室 http://www.ioc.u-tokyo.ac.jp/~worldjpn/documents/texts/JPUS/19451227.01J.html
注20　ジョン・ダワー『敗北を抱きしめて』134～135頁　岩波書店　二〇〇一年
注21　同134頁
注22　『芦田均日記』第一巻　82頁　岩波書店　一九八六年
注23　吉田裕『昭和天皇の終戦史』89頁　岩波新書　一九九二年
注24　注5　163～164頁
注25　注22　90頁
注26　国会図書館蔵　佐藤達夫文書 http://www.ndl.go.jp/constitution/shiryo/03/097shoshi.html)
注27　第2部・注150　268頁
注28　豊田隈雄『戦争裁判余録』171～172頁　泰生社　一九八六年)
注29　『昭和天皇二つの独白録』189～191頁
注30　同192～193頁
注31　注5　165頁
注32　同174頁
注33　同170～173頁
注34　注28　172頁
注35　渡辺清『砕かれた神――ある復員兵の手記』242頁　岩波現代文庫　二〇〇四年　初版は一九八三年　朝日

新聞社

注36　豊下楢彦『安保条約の成立――吉田外交と天皇外交』147頁　岩波新書　一九九六年

注37　豊下楢彦『昭和天皇・マッカーサー会見』20～21頁　岩波現代文庫　二〇〇八年

注38　注5　214頁

注39　注23　114～115頁

注40　注37　97～98頁

注41　『芦田均日記』第2巻　13頁　岩波書店　一九八六年

注42　同14頁

注43　原文は沖縄県公文書館ＨＰで公開【資料コード：0000017550】

http://www.archives.pref.okinawa.jp/collection/images/Emperor%27s%20message.pdf

注44　『入江相政日記』第十巻　287～288頁

注45　同293頁

注46　同

注47　進藤榮一「分割された領土」『世界』一九七九年四月号　48頁

注48　高橋紘・鈴木邦彦『天皇家の密使たち』44～49頁　徳間文庫　一九八五年　初版は一九八一年　現代史出版会

注49　同283頁

注50　注37　213頁

注51　注41　72頁
注52　同107頁
注53　注17　176～177頁
注54　全文は『東京裁判判決』毎日新聞社　一九四九年　現在、近代デジタルライブラリーに収録され、インターネットで読める。http://kindai.ndl.go.jp/info:ndljp/pid/1276125
注55　秦郁彦『昭和天皇五つの決断』239～240頁　文春文庫　一九九四年
注56　未公刊、国会図書館憲政資料室蔵マイクロフィルム「木戸家文書」NO21　原本は歴史民族博物館蔵
注57　荒原朴水『大右翼史』510頁　大日本国民党　一九七六年
注58　『徳川義寛　終戦日記』498頁　朝日新聞社　一九九九年
注59　注37　110～112頁
注60　同114頁
注61　注36　165～167頁
注62　同173頁
注63　一九五〇年「第八回国会　参議院外務委員会会議録第四号」119頁
注64　注36　174～175頁
注65　同47頁
注66　袖井林二郎・竹前栄治『戦後日本の原点』(下)　270～278頁　悠思社　一九九二年
注67　注36　181～182頁

注68　注37　119頁
注69　同　120頁
注70　同　123～124頁
注71　同　87～88頁
注72　『入江相政日記』第十一巻　222頁　朝日文庫
注73　同　228頁
注74　注37　122～123頁
注75　同　121頁
注76　同　123頁
注77　同　211～212頁
注78　吉次公介「知られざる日米安保体制の〝守護者〟昭和天皇と冷戦」『世界』二〇〇六年八月号　24頁
注79　『続　重光葵手記』732頁　中央公論社　一九八八年
注80　注37　214～215頁
注81　注79　743頁
注82　注78　249頁
注83　同
注84　注37　216頁
注85　前泊博盛『本当は憲法より大切な日米地位協定入門』参照　創元社

注86 福田赳夫『回顧90年』134〜136頁 岩波書店 一九九五年
注87 『風流夢譚』、鹿砦社編集部編『憂国か革命か テロリズムの季節のはじまり』所収 鹿砦社、二〇一二年
インターネット「青空文庫」に全文掲載 http://azure2004.sakura.ne.jp/s_hukazawa/huryumutan.htm
注88 注78 252頁
注89 藤原彰他 編『天皇の昭和史』176頁 新日本出版社 一九八四年
注90 同174頁
注91 『佐藤栄作日記』第二巻 227頁 朝日新聞社 一九九七年
注92 同281頁
注93 同416〜417頁
注94 『佐藤栄作日記』第三巻 176頁
注95 『楠田實日記――佐藤栄作総理首席秘書官の二〇〇〇日』766〜767頁 中央公論新社 二〇〇一年
注96 注89 176〜177頁
注97 『昭和天皇最後の側近 卜部亮吾侍従日記』第一巻59 朝日新聞社 二〇〇七年
注98 注89 198頁
注99 中野文庫「勅語（昭和47年）」http://www.geocities.jp/nakanolib/choku/cs47.htm
注100 『佐藤栄作日記』第五巻 131頁
注101 注89 175頁
注102 同195頁

注103　『入江相政日記』第九巻　219頁
注104　同　331頁
注105　同　357頁
注106　同　376頁
注107　同　63頁
注108　「高松宮かく語りき」、『文藝春秋』一九七五年二月号　193～194頁
注109　同　194頁
注110　同　196頁
注111　同　197～198頁
注112　同　200頁
注113　高橋紘『陛下、お尋ね申し上げます』140頁
注114　「皇室団欒」、『文藝春秋』一九七六年二月号　288頁
注115　同　295～296頁
注116　『高松宮宣仁親王』597頁　朝日新聞社　一九九一年
注117　注113　212頁
注118　同　217～219頁
注119　同　219頁
注120　同　216頁

注121　同226頁

注122　記者クラブの全文、書き起こし『日本記者クラブ記者会見　アメリカ訪問を終えて　昭和天皇・香淳皇后両陛下』　1975年10月31日・皇居「石橋の間」
http://www.jnpc.or.jp/img_activities/img_interview/img_specialreport/specialreport_19751031.pdf 4頁

注123　注78　257頁

注124　注122　1頁

注125　宮内庁ホームページ「主な式典におけるおことば（平成元年）http://www.kunaicho.go.jp/okotoba/01/okotoba/okotoba-h01e.html

注126　データベース『世界と日本』日本政治・国際関係データベース　東京大学東洋文化研究所田中明彦研究室
http://www.ioc.u-tokyo.ac.jp/~worldjpn/documents/texts/exdpm/19890107.S3J.html

おわりに

1　天皇死去から六年、初めて日本政府は「侵略と植民地支配の過去」を認めた

村山首相談話

一九九五年八月十五日、自民党・社会党・新党さきがけ連立政権の村山富市内閣総理大臣談話が閣議決定され、発表された。中心は以下である。

わが国は、遠くない過去の一時期、国策を誤り、戦争への道を歩んで国民を存亡の危機に陥れ、植民地支配と侵略によって、多くの国々、とりわけアジア諸国の人々に対して多大の損害と苦痛を与えました。私は、未来に誤ち無からしめんとするが故に、疑うべくもないこの歴史の事実を謙虚に受け止め、ここにあらためて痛切な反省の意を表し、心からのお詫びの気持ちを表明いたします。また、この歴史がもたらした内外すべての犠牲者に深い哀悼の念を捧げます。(注1)

日本政府は、敗戦から五十年後、昭和天皇の死去後六年を経て、初めて「侵略と植民地支配の過去」を認め、国の内外に「お詫びの気持ちを表明」した。

これは、一九九三年八月四日、「慰安婦」問題に対して日本軍の関与を認めて謝罪した「河野談話(注2)」、同月十日の細川護熙首相による「先の大戦を侵略戦争、間違った戦争だと認識しています(注3)」という

記者会見発表に続き、過去の「日本の侵略と植民地支配の歴史」を正視しようとする動きだった。しかし、自民党などの政治家や靖国関係団体が猛反発した。

侵略の正当化

そこで、一九九三年八月二十三日、自民党幹部国会議員が参加する「歴史・検討委員会」（委員長・山中貞則、事務局長・板垣正、委員・橋本龍太郎、森喜朗、安倍晋三、中川昭一、河村建夫ら百五名が参加）が設置された。

私は「歴史・偽造、検討委員会」という名称が正確だと考えるが、この「歴史・検討委員会」は、一九九五年八月十五日、「村山談話」が出たその日、『大東亜戦争の総括』という報告書を発行した。そこに、この会の設立趣旨が書かれている。「細川首相の『侵略戦争』発言や、連立政権の『戦争責任の謝罪表明』の意図に見る如く、一方的な自虐的な史観の横行は看過できない。われわれは、公正な史実に基づく日本人自身の歴史観の確立が緊急の課題と確信する（注4）」というものである。

当然、①日露戦争から始まって、満州事変も日中戦争も、大東亜戦争も、侵略戦争ではなく、自存自衛の戦争であり、アジア解放の戦争であった。なにしろ「日露戦争というのは、アジアを救うための戦争でもあったし、何よりも日本の自衛戦争だった（注5）」というのである。そうなると、当然、②「南京大虐殺は存在せずデッチ上げである」ということになる。そして、③自虐史観の歴史教科書を「（天皇中心の）日本の神話に立脚した正しい日本史教科書に書き換える」ことが目指される。

読者は、この①の「大東亜戦争」というアジア太平洋戦争についての、根本的に誤った歴史認識は、敗戦直後の幣原内閣が昭和天皇の戦争責任を免罪するために、国民には全く秘密のうちに閣議決定したものであることを思い出されるだろう。これら三点を中心とする「歴史・検討委員会」の運動は、一九八九年の昭和天皇の死去後の一九九〇年代初めから、日本政府自らが積み上げてきた歴史正視の動きを真っ向から否定するものだった。

自民党と靖国関係団体の運動は、侵略戦争を正当化し、侵略行為を否定し（〝デッチ上げ〟とする歴史偽造）、当然ながら、昭和天皇は「常に平和主義者で、常に国民に対し御仁慈を垂れ給うた無私の人、国民とともに歩まれた生涯を送った人」という真っ赤なウソを真実と吹聴し、こういう事実に反する誤った歴史認識を広げる「国民運動」を展開していった。

その結果、一九九六年、「新しい歴史教科書をつくる会」が作られ、翌年、この運動を支援する「日本の前途と歴史教育を考える若手議員の会」が作られ、事務局長に安倍晋三が就任した。産経新聞の子会社である扶桑社がこの方針に基づく教科書を作ったが、「はじめに」に記載したような経過をたどり、現在は扶桑社が子会社の育鵬社を作り、そこから、この誤った歴史認識に基づく歴史教科書を発行し、日本国憲法を敵視する公民教科書も発行しているわけである。

2　敗戦後七十年、歴史の歯車を逆回転させる戦争する憲法を作っていいか

自民党改憲案

安倍晋三内閣は、二〇一四年七月一日、閣議決定で集団的自衛権行使を容認するという、日本

国憲法蹂躙破壊のクーデターを敢行した。その上で、日本国憲法を完全に抹殺する自民党の憲法改正案をゴリ押ししようとしている。日本国憲法は、二千万人にものぼるアジア諸国民を殺し、三百十万人にものぼる日本国民（朝鮮・台湾人を含む）を殺した上で、天皇制存続と引き換えに、やっと日本国民が手にすることができた平和主義、国民主権、基本的人権の尊重を明記した憲法である。

自民党の憲法草案たるや、自民党ＨＰの「日本国憲法改正草案Ｑ＆Ａ」によれば、次のようなものだ。「人権規定も、我が国の歴史、文化、伝統を踏まえたものであることも必要だと考えます。現行憲法の規定の中には、西欧の天賦人権説に基づいて規定されていると思われるものが散見されることから、こうした規定は改める必要があると考えました（注６）」

「人は生まれながらに、人としての権利、『個人の尊厳と平等の権利』を持っている」という天賦人権説の思想こそ、「『個人の尊厳と平等』を国家（政府）は保障すべきであり、そのために国家（政府）が存在する」という民主主義の根幹思想である。現行日本国憲法第十章第九十七条は「この憲法が日本国民に保障する基本的人権は、人類の多年にわたる自由獲得の努力の成果であつて、これらの権利は、過去幾多の試練に堪へ、現在及び将来の国民に対し、侵すことのできない永久の権利として信託されたものである」としている。

この天賦人権説に基づく規定である第十章を、自民党憲法改正案はスッポリと削除する。その代わりに第九章「緊急事態」という章が設けられた。「内閣は法律と同一の効力を有する政令を制定することができるほか、内閣総理大臣は財政上必要な支出その他の処分を行い、地方自治体の長に対して必要な指示をすることができる。」「緊急事態の宣言が発せられた場合には、何人も、法律の定めるところにより、当該宣言に係る事態において国民の生命、身体及び財産を守るために行われる措置に関して発せられる国その他公の機関の指示に従わなければならない」（注7）と……。

また、草案第一条には「天皇は、日本国の元首」との規定が置かれ、第三条では「日本国民は、国旗及び国歌を尊重しなければならない」とされる。そして、「国防軍」として、「第九条の2　我が国の平和と独立並びに国及び国民の安全を確保するため、内閣総理大臣を最高指揮官とする国防軍を保持する。（2略）3　国防軍は、第一項に規定する任務を遂行するための活動のほか、法律の定めるところにより、国際社会の平和と安全を確保するために国際的に協調して行われる活動及び公の秩序を維持し、又は国民の生命若しくは自由を守るための活動を行うことができる」とする。

侵略と植民地支配を否認する教科書

安倍晋三首相らは、天賦人権説に基づく基本的人権は無く、天皇を元首として国防軍を持ち、戦争する国になることを目指す憲法改正案を用意しているのである。「（※皇国）日本を取り戻す」「（※軍国）日本を取り戻す」と「右翼の軍国主義者」である彼は公約した。そういう国を彼は「美しい国」という。

そして、そんな「国」の実現を目指して、過去の日本帝国の「侵略と植民地支配」犯罪を否定する。そして、また、その犯罪の実行を決定・決断・命令した最高責任者であった昭和天皇に、真逆な「常に平和主義者で、常に国民に対し御仁慈を垂れ給うた無私の人、国民とともに歩んだ人」という虚飾の衣を着せて賛美する育鵬社歴史教科書を子どもたちに与えようとしている。

この教科書の最後の頁（二四六頁）には、こうある。

「わが国は、過去の歴史を通じて、国民が一体感をもち続け、勤勉に、礼節を重んじ」たと。

「勤勉に」はともかく、江戸時代まではともかく、明治以降の日清・日露戦争から、関東大震災における朝鮮人虐殺、日中戦争、アジア太平洋戦争下、「大日本帝国」という尊大な名をつけた「わが国は、過去の歴史を通じて」、どれほど「礼節」なんぞとは正反対のことを行ってきたか。野蛮な恥知らずな強盗殺人、強姦殺人、虐殺を、戦争に反対する国民に対しても、外国人に対しても繰り返してきたことか……。

こういう真っ赤なウソの歴史、偽造された歴史を教えなければ、子どもたちは「自国に対する誇りや愛国心を持てない」と安倍首相らは考えるのである。過ちを犯さなかった個人はいないだろうし、過去に過ちを犯さなかった国、というのも希少だろう。論語に「過ちて改めざる、これを過ちという」とあるが、過ちを犯したことを否認するのでは、「改めざる」のは当たり前である。大日本帝国が犯した「侵略と植民地支配」という過ちを正視する勇気を欠落させ、「そんなことはしていない」と、あくまでも否認する卑しい小心さを、あなたは日本の子どもたちに育てたいだろうか。

敗戦後七十年になる二〇一五年初め、安倍晋三首相は八月十五日に出す予定の談話において、村山談話を「全体」として継承すると称しながら、「侵略と植民地支配」という「疑うべくもないこの歴史の事実」に刻まれた過ちを認める言葉を入れることを、「こまごまとしたこと」と否定した。

（東京新聞二〇一五年一月二十五日付）

大日本帝国皇軍の性奴隷制犠牲者、強制連行被害者たちへの戦後補償も済んでいないのに、この国を基本的人権のない国、戦争する国に逆行させていいのだろうか。この国がそんな国になれば、三百十万人にものぼる日本国民（朝鮮・台湾出身者を含む）の犠牲者は、本当の「犬死に」になるのではないだろうか。

どんなに都合が悪くとも、自国の過去の歴史を正視しよう！　日本の過去の戦争犯罪と植民地支配犯罪の負の遺産をきちんと清算しよう！　未来の主権者である子どもたちに、偽造された歴史教科書を渡すのはやめよう！　国民主権、非武装平和主義、基本的人権の尊重を明記した日本国憲法の理想の実現を目指そう！　それこそが、日本国を愛する者の行うべきことではないか。

最後に、二人の大統領演説を傾聴しよう。

・一九八五年五月九日、西独、ヴァイツゼッカー大統領演説

「罪の有無、老幼いずれを問わず、われわれ全員が過去を引き受けねばなりません。全員が過去からの帰結に関り合っており、過去に対する責任を負わされているのであります。

問題は過去を克服することではありません。さようなことができるわけはありません。後になって過去を変えたり、起こらなかったことにするわけにはまいりません。しかし過去に目を閉ざす者は結局のところ現在にも盲目となります。非人間的な行為を心に刻もうとしない者は、またそうした危険に陥りやすいのです。（中略）自由を尊重しよう。平和のために尽力しよう。公正をよりどころにしよう。正義については内面の規範に従おう。今日、五月八日（※）にさいし、能《あた》うかぎり真実を直視しようではありませんか（注8）」（※ナチス・ドイツの降伏の日である。）

・二〇〇五年三月一日、韓国、ノ・ムヒョン大統領演説

「日本の知性に再び呼びかけます。真の自己反省の土台の上で、韓日間の感情的わだかまりを取り除き、傷を癒すことを進んでおこなうべきであります。これこそが、先進国であることを自負する日本の知性らしき姿であります。そうしなければ、過去のくびきから逃れることはできません。いくら経済力があり軍備を強化しても、隣人の信頼を得て国際社会の指導的国家となるには難しいでしょう。ドイツはそうしました。そして、ふさわしい待遇を受けています。彼らは自ら真実を明らかにし、謝罪して補償する道徳的決断を通じてヨーロッパ連合の主役となることができました（注9）」

注1　外務省ＨＰに全文　http://www.mofa.go.jp/mofaj/press/danwa/07/dmu_0815.html
注2　同　http://www.mofa.go.jp/mofaj/area/taisen/kono.html
注3　江口圭一『日本の侵略と日本人の戦争観』岩波ブックレットＮＯ365　一九九五年
注4　『大東亜戦争の総括』444頁　展転社　一九八五年
注5　同14～15頁
注6　自民党ホームページ　「日本国憲法改正草案Ｑ＆Ａ」http://www.jimin.jp/policy/pamphlet/pdf/kenpou_qa.pdf
注7　同「日本国憲法改正草案　（現行憲法対照）」https://www.jimin.jp/policy/policy_topics/pdf/seisaku-109.pdf
注8　「荒れ野の四〇年　ヴァイツゼッカー大統領演説全文」岩波ブックレットＮＯ55　一九八六年
注9　「青瓦台総理室」青瓦台　報道資料　二〇〇五年三月一日　盧《ノ》武鉉《ムヒョン》大統領、第86周年3・1節記念式典に出席「第86回3・1節記念式典・祝辞」http://www.ne.jp/asahi/tawara/goma/2005.3.9/1.html

著者略歴

増田都子（ますだ・みやこ）

1950 年東京生まれ。島根大学卒業後、東京都江東区立中学校で教職をスタート。1999 年から現場をはずされ、都立教育研究所（現・東京都教職員研修センター）で、人権侵害の懲罰・長期　研修を強制される。2002 年現場復帰。

また、2005 年 9 月からさらに懲罰研修を強制され、2006 年不当にも分限免職処分を受けた。

現在、予備校講師や各地で市民歴史講座の講師をしている。

著書に『中学生マジに近現代史』（ふきのとう書房）、『教育を破壊するのは誰だ！』（社会評論社）。『たたかう！　社会科教師』（社会批評社）。

●昭和天皇は戦争を選んだ！

—裸の王様を賛美する育鵬社教科書を子どもたちに与えていいのか

2015 年 6 月 15 日　第 1 刷発行
2015 年 7 月 31 日　第 2 刷発行

定　価　（本体 2200 円＋税）
著　者　増田都子
装　幀　根津進司
発行人　小西　誠
発　行　株式会社　社会批評社
東京都中野区大和町 1-12-10 小西ビル
電話／ 03-3310-0681　FAX ／ 03-3310-6561
郵便振替／ 00160-0-161276
U R L　http://www.maroon.dti.ne.jp/shakai/
Facebook　https://www.facebook.com/shakaihihyo
Email　shakai@mail3.alpha-net.ne.jp
印　刷　シナノ書籍印刷株式会社